Decision-making and policy optimizati
vehicle consumption and pro
under market-oriented pol
example of carbon trading and du

市场导向型政策下
新能源汽车消费生产决策
和政策优化
——以碳交易与双积分为例

何浩楠 著

中国财经出版传媒集团

经济科学出版社
Economic Science Press

图书在版编目（CIP）数据

市场导向型政策下新能源汽车消费生产决策和政策优化：以碳交易与双积分为例/何浩楠著. —北京：经济科学出版社，2022.7

ISBN 978 - 7 - 5218 - 3813 - 8

Ⅰ.①市… Ⅱ.①何… Ⅲ.①新能源 - 汽车 - 市场导向 - 关系 - 生产决策 - 中国②新能源 - 汽车 - 市场导向 - 关系 - 经济政策 - 中国 Ⅳ.①F426.471

中国版本图书馆 CIP 数据核字（2022）第 114283 号

责任编辑：杨　洋　卢玥丞
责任校对：齐　杰
责任印制：王世伟

市场导向型政策下新能源汽车消费生产决策和政策优化
——以碳交易与双积分为例
何浩楠　著

经济科学出版社出版、发行　新华书店经销
社址：北京市海淀区阜成路甲 28 号　邮编：100142
总编部电话：010 - 88191217　发行部电话：010 - 88191522
网址：www.esp.com.cn
电子邮箱：esp@esp.com.cn
天猫网店：经济科学出版社旗舰店
网址：http://jjkxcbs.tmall.com
北京季蜂印刷有限公司印装
710×1000　16 开　11.75 印张　170000 字
2023 年 1 月第 1 版　2023 年 1 月第 1 次印刷
ISBN 978 - 7 - 5218 - 3813 - 8　定价：45.00 元
（图书出现印装问题，本社负责调换。电话：010 - 88191510）
（版权所有　侵权必究　打击盗版　举报热线：010 - 88191661
QQ：2242791300　营销中心电话：010 - 88191537
电子邮箱：dbts@esp.com.cn）

前　言

当前，全国交通运输产业发展的内外部环境正发生着深刻的变化，在"碳达峰""碳中和"背景下，城市交通低碳化、电动化发展已迅速成为交通运输领域的前沿与热点。然而，对于如何实现交通运输行业低碳化、电动化的路径还尚未明晰，国家政策如何积极引导产业重塑？企业如何制定具体的转型战略？消费者面对各类新产品的采纳态度与行为会怎样？这一系列问题尚未得到解决。本书依托我国《交通强国建设纲要》和《关于完整准确全面贯彻新发展理念做好碳达峰碳中和工作的意见》的政策指导，介绍了有关我国市场如何实现传统汽车产业成功重塑与转型的一系列运营管理与政策研究，探究了在交通运输行业低碳化、电动化这一趋势下政府、企业及消费者的决策问题，为政策优化、企业与消费者进行决策提供理论基础，为引导产业改革提供理论支持。

全书共6章，第1章主要介绍研究传统汽车行业电动化转型的背景，回顾了已有的相关研究并阐述了本书的研究应用意义。第2章以碳交易政策为背景，根据消费者行为学中的效用最大化理论，分别通过建立新能源汽车购买决策均衡模型和新能源汽车补贴模型，研究消费者购买新能源汽车的决策及政府对新能源汽车的最优补贴决策。第3章进一步聚焦消费者的换购决策问题，研究基于以旧换新策略和燃料成本波动的情况下消费者的最优换购时机的决策。第4章延续第2章补贴政策的背景，研究在考虑消费者环境意识的基础上车企关于新能源汽车的最优生产决策，通过构建生产决策模型研究在不同市场环境下（即垄断市场、完全替代市场及价格竞争市场）企业的最优生产策略。然而，随着补贴政策的退坡，双积分政策接替补贴政策成为推动新能源汽车产业发展的主要政策力量，这使得产业的外部市场环境发生了巨大的变化。因此，第 5 章基于双积分的政策背景，通过构建一个实物期权模型，研究企业电动化转型的择时决策。第 6 章延续第 5 章双积分政策的背景，通过构建企业生产投资模型，研究企业的电动化生产与运营决策，并探究政策的优化与协调机制。

　　本书中相关研究的开展得到了国家自然科学基金青年项目（72104034）、教育部人文社科青年项目（21YJC630037）、中国博士后特别资助项目（站中）（2022T150072）等科研项目的经费支持，研究与组稿过程中听取了杨琦教授、陈引社教授、张周堂教授、左庆乐教授、杜强教授、孙启鹏教授、马飞教授、何公定副教授、范进副教授、王善勇副教授、李军副教授、晏文隽副教授、许晓晴博士、赵杰博士、李德鸿博士、戴涛博士、周琦博士、权飞过博士、强瑞田老师等专家学者的宝贵意见。此外，长安大学在读研究生张朝佳、岳鸿、孙佳欣、曾小芹，本科生李世强等也参与了本书的整理与校稿工作。以上所有人员为本书最终的呈现作出了卓越的贡献，在此表示感谢。

　　本书探讨的议题较为前沿，涉及的知识面也较为广泛。限于知识水平，书中存在的不足之处在所难免，恳请广大读者批评指正。

何浩楠

目录 CONTENTS

第
1
章

绪　论

1.1　研究背景

当前，新一轮科技革命和产业变革蓬勃发展，交通、汽车、能源、信息通信等领域加速融合，全国交通运输产业发展的内外部环境正发生着深刻的变化。2019 年 9 月 19 日，中共中央、国务院联合印发了《交通强国建设纲要》，提出从 2021 年到 21 世纪中叶，分两个阶段推进交通强国建设，要求各地区结合实际情况认真贯彻落实文件精神。2021 年是"十四五"开局之年，也是加快建设交通强国的关键之年。建设交通强国是以习近平同志为核心的党中央立足国情、着眼全局、面向未来作出的一项重大战略决策。《交通强国建设纲要》中明确指出，将推动城市公共交通工具和城市物流配送车辆全部实现电动化、新能源化和清洁化，并直接要求各地政府必须按照党中央指示严格落实。2021 年 10 月 24 日，国务院发布了《关于完整准确全面贯彻新发展理念做好碳达峰碳中和工作的意见》（以下简称《意见》），这也是中国碳达峰碳中和的顶层设计，为贯彻工作提出了具体的目标和措施。《意见》要求，加快推进低碳交通运输体系建设，推广节能低碳型交通工具。加快发展新能源和清洁能源车船，推广智能交通，推进铁路电气化改造。加快构建便利高效、适度超前的充换电网络体系。电动汽车作为当下最主流的新能源汽车车型，被认为是最贴合民生、立足国情的重要交通工具之一。电动车行业的高速发展不仅能够为中国的老百姓带来绿色低碳的便捷出行，更能为国家节省一大笔环保开支。未来公共交通工具、城市物流配送工具、工作用车、生活用车的电动化是"碳达峰、碳中和"战略目标的必然趋势，也是党中央、国务院接下来进行交通强国建设工作的绝对核心。除此之外，此次《交通强国建设纲要》及《意见》的颁布，还标志着国家将全力支持新能源交通运输事业的发展，最大程度鼓励燃油类交通工具向电动类交通工具转型。所以，未来汽车制造行业的发展在国家的大力支持下向电动化、智能化、网联化转型已成必然。因此，面向国家重大战略需求，在我国市场上关于如何实现传统汽车产业的成功重塑与转型主题下的运营管理与政策研究迅速成为交通运输研究领域的前沿与热点。

1.2　研究综述

1.2.1　政策制度概述

1. 碳交易政策

2005 年劳克斯和马洛（Raux and Marlot，2005）提出个人碳排放配额交易机制，指类似上游企业碳排放交易思想在下游、消费者层面上的延伸和具体应用。亚赫、洛夫格伦和斯特里普勒（Jagers，Löfgren and Stripple，2010）依据科斯的相关观点，进一步补充说明了这一类配额交易机制实际上是一种用以治理环境外部性的实践体系。该理论的核心内容是以减排配额的形式将污染物排放总量量化为既定的排放目标，然后政府或监管机构根据某些法规或制度安排将总的碳排放配额分配给不同的排放个体。与此同时，成立相关配额交易市场，允许个人进行自由的配额交易活动（Tietenberg T.，2010；Helm C.，2003）。沃德曼、阿库里和克劳（Woerdman, Arcuri and Clò, 2008）认为碳配额交易机制，从本质上讲，其实是一种利用"限额—交易"（cap and trade）原理进行总量市场分配的一种政策工具，首先通过确立排放额度总上限，政府得以保证实现预定的减排目标，其次通过市场作用达到供需关系的平衡，确定均衡碳价格，实现对高排放消费者的经济约束和对低排放者的经济激励，最终控制个人碳排放行为，实现减排目标。

关于上游企业的碳配额交易，有着不同边际减排成本的企业对碳排放配额的需求显然是不同的，根据初始排放配额的数量高低，就被自然分为高排放需求的企业和低排放需求的企业。一方面，当企业的碳排放水平低于本周期政府初始发放的减排配额数量时，就可以在市场上出售超额的排放配额使用权以获取收益。这一机制侧面补偿了企业花费在投资清洁能源技术开发中的成本。另一方面，当另一些企业的碳排放水平高于初始分配的减排额度时，则需要从市场上购买额外的减排额度以支持其生产活动。这种实行高污染行为的企业理应支付额外的环境污染成本。最终，根据沈满洪、钱水苗和冯元群（2009）的研究，市场上企业通过自由交易碳排放配额，确定了最终的配额价格，缩小了双方边际碳排放成本的差异，同时也实现了既定减排目标，保证了全社会总履行成本最小化。在二氧化碳（CO_2）减排的实践方面，不少国家和地区已经建立起了区域性的碳配额交易系统。自21世纪初，最具影响力和规模最大的碳排放配额交易体系在欧盟各国已经开展和实施得相对成熟了，为其他意图在未来实施碳排放交易系统的国家提供了宝贵的经验与参考数据。中国市场目前还在积极探索和尝试阶段，具体地，中央政府在北京、天津和上海等地建立了首批共七个碳排放交易试点，为进一步在未来推行个人碳排放交易机制提供了宝贵的实践经验和数据。简而言之，中国及欧盟各国的相关碳配额交易机制都重点关注上游一端，尚未有针对下游的个体消费者的相关机制投入实践（李奇伟，2015）。

2. 双积分政策

近年来，由于大量扶持措施的投入，我国新能源汽车产业在比较短的时间内实现了爆发式增长。然而，在粗放的补贴政策和行业的过度无序增长背后，许多负面效应和弊端也逐渐显现出来（张永安和周怡园，2017），如政府补贴压力沉重、车企核心技术缺失与创新乏力、部分企业利用政策漏洞骗补等现实问题层出不穷，粗放式补贴逐渐成为新能源汽车产业发展的障碍（Zhang X.，Liang Y.，Yu E.，et al.，2017）。因此，自2016年起，中央财政开始了对新能源汽车财政补贴政策的逐步退坡，并逐步引导政府从补购置向补研发转变，自2017年开始明显退坡，2019年加速退坡。补贴退坡后市场、成本、竞争等各种压力剧增，2019年产销量更是首次出现负增长，新能源汽车产业持续良好的发展壮大举步维艰（陈洪转和齐慧娟，2019）。虽然受新冠肺炎疫情暴发影响，补贴的全面退坡暂缓，但加速退坡，从需求侧转向供给侧的补贴模式已是大势所趋（熊勇清和陈曼琳，2016）。

补贴失灵暴露了市场引导机制的缺失，双积分政策应运而生。2017年9月，工信部等五部委首次印发了《乘用车企业平均燃料消耗量与新能源汽车积分并行管理办法》[该办法提出了企业平均燃料消耗量（CAFC）积分和新能源汽车（NEV）积分，并且对两种积分采取并行的管理方式，即"双积分政策"]。该政策通过行政手段建立一种绿色积分交易系统，形成促进节能与新能源汽车协调发展的市场化机制，牵引企业创新成长，从而达到缓解能源和环境压力的目的，是我国接力粗放式补贴政策的一项重要举措。然而，施行过程中暴露出的积分标准欠合理、积分交易价格较低等问题，无法保障传统车企进行新能源技术研发和电动化转型后产品销售和积分交易带来的市场收益，不足以平衡成本压力，导致双积分政策引导的市场机制难以实现初衷（李旭和熊勇清，2021）。

2021年1月正式实行的《乘用车企业平均燃料消耗量与新能源汽车积分并行管理办法》成效仍尚不明确，对于这一针对供给侧构建的长效驱动机制的修订与完善将长期进行。

1.2.2　相关文献综述

1. 消费者新能源汽车采纳研究

在目前全社会绿色出行的大背景下，学术界已有许多研究者从各个角度对消费者节能汽车购买选择决策的影响因素进行了研究探讨，并分析节能汽车尤其是新能源汽车在不同国家或地区的采用趋势（温雅茹，2017）。爱德华（Edwards，2010）的研究采用问卷调研的形式，提出低廉的汽油价格和昂贵的购车成本是两项阻碍消费者选购新能源汽车的主要原因。此外，另有学者分析指出，消费者对环境的关切显著影响着新能源汽车的购买意愿及其他绿色出行行为，但并不一定是正面的、显著的，很多时候环境关切并不会直接引起消费者环境友好性行为（Kolbuuss A.，Agyeman J.，2002；Wang S.，Fan J.，Zhan D.，et al.，2016）。例如，莱恩和波特（Lane and Potter，2007）通过跟踪调研英国部分家庭新能源汽车购买情况，指出了消费者对环境的态度与实际购买相关节能产品的决策之间没有存在显著的因果关系。因此，本书依旧认为经济因素是影响消费者节能汽车购买选择的核心因素，而不考虑其他诸如环境关切等效用因素。

中国将插电式电动汽车用新能源汽车这一术语来表示，只有纯电动汽车和插电式混合动力电动汽车才有资格获取政府的补贴措施。根据中国汽车工业协会的相关数据（CAAM，2016），2011年1月至2017年12月，中国累计在国内制造的新能源汽车销量为170余万辆，这其中包括仅限于本土生产的重型商用车辆，如公共汽车和环卫车。截至2021年12月，中国新能源汽车的保有量已经达到784万辆，其中包括640余万辆纯电动汽车（80%）和 144 万辆插电式混合动力汽车（20%）[1]。然而，根据欧训民、张希良、覃一宁等（2010）的研究发现，尽管用类似尺寸的电动汽车取代汽油车可以减少当地的空气污染，但它对减少温室气体排放量的效果仅为 20% 左右，因为中国大约 75% 的电力生产原料是煤炭。因此，本书考虑了混动汽车的燃油排放效率对节能汽车推广的影响。另外，李、曾和吴等（Li Y., Zeng B., Wu T., et al., 2019）采用 2005 ~ 2015 年间 148 家新能源汽车企业的面板数据，实证研究了相关政策和财政支持对不同新能源汽车行业的企业规模与效率之间关系的动态影响。研究表明，为了促进新能源汽车产业的技术进步，为在新兴技术发展中起主导作用的小型新能源汽车公司提供进一步的政府支持非常重要。只有这样，政府才能为新能源产业的未来创造一个健康的市场环境，从而减少城市污染。因此，本书也考虑了政府补贴政策对节能汽车推广的影响，试图通过理论模型的研究方法，给出相关政策的理论支撑。目前大部分研究都相信新能源汽车在未来几十年内将继续快速增长，张和白（Zhang X. and Bai X., 2017）考虑了中国各地区的节能汽车政策体系，研究了技术进步、补贴对新能源汽车推广的影响。孙和王（Sun S. and Wang W., 2018）指出政府补贴和其他消费刺激因素是新能源汽车早期发展的主要动力，预计在 2050 年，节能汽车将在中国汽车市场占据主导地位。然而，随着政策刺激和政策影响逐渐减弱，后期增长将依赖于技术进步带来的便利因素和成本优势。这些发现有助于政策制定者和新能源汽车制造商了解新能源汽车发展路线图，并制定更好的战略以促进未来新能源汽车的发展。受到此研究的启发，本书考虑补贴政策效果随时间因素的变化，即通过给出有无补贴政策下的最优换购时间，讨论补贴政策在未来的影响趋势。

2. 企业新能源汽车战略研究

与消费者的采纳意向相比，企业的新能源汽车决策研究更为多样。

---

[1] 公安部. 2021 年全国机动车保有量达 3.95 亿 新能源汽车同比增 59.25% [Z]. 公安部网站，2022 - 01 - 12.

首先，相关研究主要集中于影响新能源汽车推广的各种重要因素的定价策略，如车辆价格、能源价格、充电价格等。例如，莱恩和波特（Lane and Potter，2007），以及赫夫纳、库拉尼和特伦坦（Heffner，Kurani and Turrentine，2007）的研究发现，没有激励措施的较高车价是阻碍新能源汽车普及的一个重要因素。继而我国学者李和欧阳（Li and Ouyang，2011）分析了中国加油站运营商的利润率，并建议能源价格大幅提高25%或电池成本降低25%以确保运营商的盈利能力。何等（He et al.，2017）研究了新能源汽车的生命周期成本和企业的以旧换新策略，表明其在加速"二手车"淘汰方面而非折扣方面具有优势。伊斯兰和郎斯（Islam and Lownes，2019）进一步分析了公交车队的更换决策，发现由79%的电动公交车和21%的混合动力公交车组成的车队可以使企业的生命周期成本最小化。随着研究内容的丰富，学者们对个人车辆（Figliozzi M. A.，Boudant J. A.，Feng W.，2011）、轻型车队（Silva C.，2013）和商业卡车（Feng W.，Fig Li Ozzi M.，2014）也有过类似的研究。最重要的是，对企业决策的广泛研究已经确定了许多定价和组织策略，以便企业在日益严格的排放规定下提高利润。尽管新能源汽车具有独特的环境属性，但指导新能源汽车企业决策的原则仍然是利润最大化。因此，本书表明，这一原则阻碍了消费者日益增长的环境意识对企业决策的影响。

其次，设备更换问题（ERP）是传统运营管理研究中的一个经典问题，在这一问题上，一台设备必须在几个时期的规划范围内运行，而决策者决定是否在每个时期开始时进行设备更换。传统汽车制造商的电气化决策非常相似，因为它们都涉及新技术的开发或新设备的采纳和现有技术或设备的适当处理。因此，对现有汽车制造商研发效率的研究往往将保留一定比例的旧技术的运营成本被描述为用新技术取代旧技术的长期过渡成本。考虑现实中的车企设备更换问题，如私家车（Fan J.，He H.，Wu Y.，2016）、卡车（Ahmeds B.，1973）、船舶（Evang J.，1989；Zheng S.，Chen S.，2018）和公交车（Lammert M.，2008）等，这些研究显示，新旧设备之间的运营和维护（O&M）成本和燃料效率差异对决策有很大影响。布达尔和菲格利奥齐（Boudart and Figliozzi，2012）从总成本最小化的角度分析了公交车队引进新车型的决策所涉及的关键技术和经济参数，并得出结论：燃油价格的变化、燃油经济性的提高及公交车的车龄对决策有显著影响。此外，冯和菲格利奥齐（Feng and Figliozzi，2014）通过敏感性分析得出结论，政府补贴对公交车队的最佳决策更换时刻有最显著的影响。目前，涉及新能源汽车设备替换的研究较少。席尔瓦（Silva，2013）考虑了将新能源汽车引入车队的环境效益，并预测到 2050 年，新能源汽车的替换率为 50%，将减少 70% 的二氧化碳排放量。莱夫和麦克莱恩（Lave and MacLean，2002）比较了丰田普锐斯 HEV 和卡罗拉的技术参数，认为目前的燃料价格并不支持新能源汽车技术的竞争力。此外，莱恩和波特（Lane and Potter，2007）考虑了生产成本并得出结论，新能源汽车车型的利润率低，从而限制了新能源技术的推广。山下、新村、高森、王和横山（Yamashita, Niimura, Takamori, Wang and Yokoyama，2013）考虑了随机市场需求，预测了新能源汽车技术市场接受度的发展模式，并提供了相关的政策建议，强调了考虑需求波动的重要性。何等（He et al.，2017）进一步整合汽油价格波动、出行需求和政策指标，得出传统燃料汽车最优替换决策的边界条件，并预测消费者用新能源汽车替换现有燃油汽车的高峰期在 2024 年左右。

最后一个研究方向是从替代战略的角度进行的。例如，冈田（Okada，2001），以及伦斯基、科勒阶和博隆（Lenski, Keoleian and Bolon，2010）分别分析了以旧换新策略和以现金换旧策略，并证明了这两种策略在促进汽车产业链转型和新车型销售方面的有效性。李、林恩和斯皮勒（Li, Linn and Spiller，2013）从消费者角度出发，认为这些更新策略可以改变市场对新能源汽车车型的认知，从供需两方面促进新能源汽车产业的发展。洛伦兹亚逊斯和沃纳斯（Lorentziadis and Vournas，2011）分析了促进消费者参与以旧换新和以现金换旧策略的各种最优补贴政策参数的有效性。阿哈尼、阿兰特斯和梅各（Ahani, Arantes and Melo，2016），以及阿布迪和塔吉普尔（Abdi and Taghipour，2018）则分别从可持续发展的角度，通过考虑车辆公司资产的环境价值和碳交易机制，为传统车队和新能源车队提供一个组合策略。

3. 政府新能源汽车政策研究

第三类研究关注政策的内涵与机制分析，主要包括研发补贴、税收减免政策研究，双积分政策研究，碳交易政策以及多政策复合研究四个方面。

首先是关于研发补贴、税收减免政策的研究。斯特格和威莱克（Steg and Vlek，2009），以及王、唐和潘（Wang，Tang and Pan，2017）都将新能源汽车支持政策分为三类：财政激励、便利和信息提供政策。常见的财政政策包括补贴、免费公共充电、购置税减免、减免停车费等。目前，学术界以研究研发补贴政策的文献居多，对税收减免的研究相对较少。补贴退坡前，高倩、范明和杜建国（2014）已采用演化博弈和数值仿真方法对补贴政策调整进行模拟研究。谢梦、庞守林和彭佳（2017）采用演化博弈建议政府逐步减少开拓市场型的补贴、增加直接研发补贴。针对研发补贴，安同良、周绍东和皮建才（2009），以及丁芸和张天华（2014）均肯定了其在扶持战略性新兴产业发展上的突出作用，但陆国庆、王舟和张春宇（2014）则认为研发补贴对单个企业本身产出绩效作用并不大，但公司治理与财务风险状况对政府研发补贴绩效有显著影响。关于税收减免，李万福、林斌和杜静（2013）分析了我国 R&D 税收优惠政策的激励效应，认为目前针对研发税收优惠政策总体上是有效的。信息提供激励政策包括向社会提供有关行驶里程、充电时间和能源效率、价格、质量、性能、可靠性等信息（Graham-Rowe E.，gardner B.，Abraham C.，et al.，2013；SHE Z-Y.，Sun Q.，Ma J-M.，et al.，2017）。便利政策包括促进基础设施建设，允许新能源汽车车主享受一些"特权"（如允许进入大容量车道，允许拥有专用停车位，不受奇偶数车牌规则的限制等）（Wang N.，Tperling D.，Tal G.，et al.，2017）。尽管一些研究注意到便利政策对新能源汽车采纳的引导作用已经迅速出现（Wang Y.，Zhang F.，Yuan Y.，et al.，2013），但以前的大多数研究仍都集中在财政激励政策的影响上。例如，方、何和吴（Fan, He and Wu, 2016）将个人碳交易计划引入新能源汽车采纳决策中，并假设它们会诱导消费者采纳新能源汽车以节省碳排放的成本。同时，依和李（Yi and Li, 2018）分析了碳税和补贴政策，认为两者都能极大地促进节能减排。邵、杨和张（Shao, Yang and Zhang, 2017）比较了不同市场结构下的价格折扣政策与补贴激励措施，并表明在新能源汽车市场扩张中，具有成本效益的补贴措施具有优先性。此外，从消费者对引导低碳行为不同政策的反应来看，法曼、布雷泽尔、史蒂文斯和韦茨（Farmer, Breazeale, Stevens and Waites, 2017）进一步提出消费者对财政激励的敏感度可能高于其他激励政策，使其在促进新能源汽车采纳方面更具说服力。尽管补贴政策对新能源汽车的采纳具有积极刺激，受邵、杨和张（Shao, Yang and Zhang, 2017）的启发，我们认为，考虑到市场上环境意识的增强，过多的补贴可能并不总是更有利于新能源汽车市场的扩张。补贴是低价的信号，但只代表新能源汽车采纳的一个预测因素（White L. V.，Siutov N. D.，2017）。决定实际市场销量的是最终销售价格和消费者对车辆的评价之间的大小关系。然而，由于补贴提高了企业的利润率，一旦企业采纳了最优的定价策略，这种交易价格可能不会因为补贴提高而下降。因此，更全面地了解消费者和企业在新能源汽车采纳中的相互作用，对于政府制定政策是非常必要的。

其次是对于双积分政策的研究，虽然现在仍处于该政策实施的早期阶段，但已经有一些研究在探讨汽车制造商在这一新政策下的决策。现有的研究主要探讨了三个方面：生产决策、研发决策与发展战略。

第一类是关于车企的生产决策，包括产品定价、产品质量、产品线、销售渠道等许多方面。大多数学者认为，双积分政策对新能源汽车的生产有积极影响。例如，通过构建积分市场均衡模型，李、焦和唐（Li, Jiao and Tang, 2020）提出，由于传统燃料汽车的市场份额很大，汽车制造商必须生产大量的新能源汽车，以产生足够的正积分来补偿生产传统燃油汽车所产生的负积分。欧等（Ou et al.，2018）进一步采纳新能源和石油消费积分（NEOCC）模型，指出在双积分政策下生产长距离电动汽车比其他插电式混合动力汽车更有效率。陈等（Chen et al.，2018）将企业的生产决策分为短期和长期，认为中型电动汽车有利于企业在短期内快速抵消负积分，但小型电动汽车在长期内更有利。然而，唐金环、杨芳、徐家旺和赵礼强（2021），得到了相反的结论，认为只有当积分价格高于一定阈值时，新能源汽车才比燃油车有竞争优势。欧等（Ou et al.，2020）进一步分析了最新的政策修正案（工信部，2020a），并预测只有进一步收紧约束才能明显促进低油耗的传统燃油汽车的销售。何等（He et al.，2020）通过结合车辆模型与市场渗透模型，预测了双积分政策将有效助力交通行业节能减排，总体碳排放量将于2032年达到峰值。此外，一些研究在分析双积分政策的同时，还考虑了其他补充性政策。例如，李等（Li et al.，2018）利用动态博弈模型比较了补贴政策和双积分政策，发现了双积分政策在促进新能源汽车生产方面的效果大约是补贴政策的两倍。同时，通过考虑制造商的竞争策略，陈和樊（Cheng and Fan，2021）认为，维持较高的积分价格通常比设定较高的新能源汽车生产比例更有利于促进新能源汽车产业的发展。综上所述，双积分政策将促进新能源汽车的生产和销售已经成为学术界的共识。然而，学者们对某些具体参数（如积分价格）的影响仍有很大分歧，很少有研究考虑整个政策体系的综合效应。

第二类文献主要关注企业的研发决策、研发投资与技术创新效率等问题。双积分政策源于美国的燃油经济性积分（corporate average fuel economy，CAFE）和加州的零排放车辆积分（zero emission vehicle，ZEV）（Lou G.，Ma H.，Fan T.，et al.，2020）。更严格的燃油经济性标准提高了新乘用车的技术改进率（Wang Y.，Miao Q.，2021）。同时，李等（Li et al.，2019）提出双积分政策可以加速淘汰行驶里程短的落后技术，并在博弈论的基础上促进先进技术的研发。吴等（Wu et al.，2021）通过进一步模拟分析不断收紧双积分政策对汽车行业的影响，发现进一步收紧双积分政策机制可以刺激电动汽车车型和电池性能的研发投入，提高续航里程和能源利用效率。

第三类研究主要关注对车企发展战略的影响作用。陈和樊（Cheng and Fan，2021）通过研究传统燃油车企与新能源车企的竞争合作关系，得出无论是生产方面抑或积分交易方面，二者之间的合作都能有效降低各自的风险。郭传慧、付铁军、赵斌和沈斌（2018）通过梳理国内市场典型车企的新能源汽车发展战略，认为双积分政策在鼓励汽车行业内合作的同时，更强调与电池、电机、通信等跨行业的交流。卢超和闫俊琳（2019）则进一步提倡车企要注重与高校、科研机构等的联合创新。关于某些具体参数对企业发展战略决策的影响，李文鹣（2021）认为在后补贴时代，只有当积分交易价格足够高时，双积分政策才能有效牵动汽车产业链上下游企业（整车企业和电池企业）进行合作创新。可见，当下大多文献都已意识到合作创新的重要价值，但对合作模式的影响作用及投资时机的科学确定等问题，鲜有理论层面的细致探讨。

除上述聚焦微观层面的企业决策研究外，还有一些研究关注宏观层面，分别从产业链结构、产业链利润、产业价值链等角度出发论证了这一市场机制的有效性。例如，从产业链结构角度出发，李文鹣（2021）与刘德兴（2018）均认为双积分政策的实施将有利于产业链结构整合，促进不同积分企业之间的兼并重组或合资合作。从产业链利润出发，张奇、李曜明、唐岩岩、高原和刘伯瑜（2020），以及温泽华（2020）则发现双积分政策会提高相关产业链的短期利润，但对长期利润则具有不确定性。从产业价值链角度，郭传慧、付铁军、赵斌和沈斌（2018），以及马亮和郭鹏辉（2019）分别论证了双积分政策对新能源汽车产业整体续航能力、排放效率等提升具有显著的促进作用。从减少碳排放角度，何等（He et al.，2020）通过结合车辆模型与市场渗透模型，预测了双积分政策将有效助力交通行业节能减排，总体碳排放量将于2032年达到峰值。然而，也有许多研究分析了双积分政策的弊端并提出改进措施，如余梦仙和姚俭（2018）认为新能源汽车在核算中享有双重优惠比例，这不利于降低燃油汽车的实际油耗。李等（Li et al.，2020）也发现，若不调整积分计算规则，将不利于整个产业平均油耗节能目标的实现。孙慧芳和王阳（2020）进一步给出了积分价格的调整方式以实现激励产业链升级的目的。可见，尽管双积分对新能源汽车产业发展具有一定贡献，但目前双积分的计算规则还存在诸多弊端，不利于产业降低燃油车的平均油耗，对新能源车生产的推动作用也有待优化，难以实现更高的节能目标。

关于个人碳排放配额交易机制的研究目前可以分为两类。第一类是采用访谈、问卷调研等实证研究的方式，也是主要的研究方式。具体地，调查消费者对于该下游配额交易机制的态度，探讨影响消费者接受度的重要因素。第二类研究问题主要是将这种碳配额的下游交易机制与目前很多国家、地区已经推广的碳税政策及实行的企业碳交易机制作对比，分析讨论该下游定量减排机制的推广效率，减排力度，以及社会福利公平性等一系列问题。此外，学界仍有一系列研究，从技术层面的角度探讨了个人碳配额交易机制在当今科技水平、消费者认知水平下实现广泛推广的可行性等问题。

亚赫、洛夫格伦和斯特里普勒（Jagers，Löfgren and Stripple，2010）提出公众的态度和其接受个人碳配额交易政策的意愿将对未来减排政策顺利实施的可能性产生重大的影响作用。此外，通过采用陈述性偏好的研究方法，布里斯托、沃德曼、赞尼和钦塔卡亚拉（Bristow，Wardman，Zanni and Chintakayala，2010）分析了两百余名志愿者的政策偏好，发现了他们相对于碳税的接受度，其中，初始排放配额的分配主导了消费者接受个人碳配额交易政策的意愿，特别是对未成年人的影响更为明显。韦茨曼（Weitzman，1974）认为，从减排的有效性角度和理论上看，碳税和碳交易政策的有效性的差距是基本可忽略的。但从设计初衷来看则是完全不同的，碳排放税作为一种基于价格监管的减排政策，其实际的排放任务不一定能够完全实现，可能超额也可能不足。具体地，碳排放机制首先是由中央政府决定单位的碳排放成本，其次通过市场来决定实际的二氧化碳（CO_2）排放量的降低量。然而，个人碳配额交易政策是从总量上减少排放的减排政策，即政府通过优先确定周期内总的碳放排量，市场再通过交易定出实际的碳排放的成本（Fan J.，He H.，Wu Y.，2016）。类似的研究（Harwatt H.，Tight M.，BrisTow A. L.，et al.，2011；Hou Y.，Huang T.，Wen Z.，et al.，2014）也均是以碳税或者企业端碳排放交易模式为比较对象来研究，相对于这两者，消费者对个人碳排放权交易机制的认知度较低。总体上看，问卷调查的方法仍然是此类文献的主要研究方法，个别文章还结合了焦点群体法，其主要结果表明对个人碳排放配额政策有较明显偏好的消费者，占总受调查人群的25%～50%。相反，另一部分人认为两种环境政策各有优势，不同情境下形成的相辅相成的作用值得政策制定者的关注。例如，皮泽尔（Pizer，2002）认为，当碳减排成本的不确定性程度较大时，碳税政策是相较个人碳配额机制而言更为有效的环境政策。但如果考虑对环境的边际损害成本（Barker T.，2017），则应当采取个人排放配额交易机制，实现碳排放总量和减排总成本的控制。碳税的优势是相对复杂的配额交易机制，这种直接的经济政策更易实施和管理，政策制定者只需根据具体的减排计划，将针对碳排放的税率加到整体税收体系上，通过这种价格信号约束市场上的所有碳排放者（Harwatt H.，Tight M.，Bristow A. L.，et al.，2011）。因此可以预见到，碳税的减排效果即使在具体的减排水平尚未确定时依然可以较为明显（Fan J.，He H.，Wu Y.，2016；Lu C.，Tong Q.，Liu X.，2010）。但是，从社会公平性角度来看，碳税相对于个人配额交易机制存在很大程度的收入累退性（Bureau，2011），即当所有消费者面临的碳税相当时，低收入消费者的负担将比高收入消费者高出许多。在这一点上，对于个人的碳配额交易政策，消费者在周期初始时都会获得免费初始碳排放配额，具体的分配制度根据不同国家、地区的具体情况略有不同。一般而言，低收入人群的碳排放水平在总体上是要略低于高收入人群的，因此在交易市场中，可以将初始分配的多余的碳排放配额出售出去以获得节能行为带来的额外收益（Starkey R.，2012），在收入分配方面具有天然的累进性机制优势（Lockwood B.，Wialley J.，2010）。

马修斯（Matthews，2010）的研究进一步指出，与上游企业的碳交易相比，下游的消费者在个人碳排放配额交易上显然存在着透明程度低、较高的管理实施成本等问题，同时在政策推行和公众接受度上速度较慢。另外，个人碳配额交易机制这种总量控制的减排机制为市场上所有消费者的碳排放行为提供了明确的减排目标，通过自由市场交易，供需决定价格的方式，使得消费者之间能够相互合作，为其提供了很好的激励作用。同时，塞方、洛伦佐尼和奈伊（Seyfang，Lorenzoni and Nye，2007）提出，消费者在切身参与交易的过程中逐渐对其自身二氧化碳的排放行为和程度有了更深刻的体会，也有利于促使其进一步的绿色出行习惯和唤醒在其他领域的减排意识。实际上，上游和下游的配额交易机制是起到相辅相成作用的。同时推行两种碳排放配额交易机制，可以使得配额在市场中的流动性增加，同时参与者规模的扩大也将使得市场中所有参与者的库存风险得到分担（Brohé A.，2010）。

此外，兰、哈里斯和罗伯特（Lane，Harris and Roberts，2008）进一步从技术性角度分析了个人碳配额交易，认为高昂的管理和推行成本可能是阻碍个人碳排放配额交易机制的重要且唯一的技术壁垒。而对于下游配额交易机制设计本身，则并不存在该问题。英国可持续能源中心认为，个人碳排放配额交易机制在英国实施监管、运营和交易的成本将十分昂贵，并进一步估测英国未来实施该机制每年的成本约为26亿欧元。伯德和洛克伍德（Bird and Lockwood，2009）也对此进行了估计，数额也高达14亿欧元之多，而其间的差异本质上是由于参与者规模不同造成的。当然，随着信息技术和平台在未来十年的进一步完善，这一成本可能会显著降低，更有可能会大大加快下游交易机制的推行进程和消费者的接受度。

最后，我们研究多政策的复合作用。双积分政策推出前，学术界重点比较政府补贴与税收优惠两种政策。例如，张同斌和高铁梅（2012）认为，税收优惠政策对于高新技术产业增加值的提高和内部结构的优化均具有积极影响，而财政激励政策则更能有效地促进高新技术产业的产出增长。柳光强（2016）研究战略性新兴产业上市公司，发现税收优惠和政府补贴政策两者之间的激励效应差异明显，且对于不同产业、不同政策目标的激励效应也有差异。周燕和潘遥（2019）从交易费用视角再次论证了两者对产业牵引机制的不同，强调了不合理的补贴政策将不但不能对产业发展起到促进作用，反而具有负面效果。何等（He et al.，2021）从环境意识角度分析也得出补贴政策与其他政策间将可能产生抵消作用，因而政府必须进行充分协调。双积分政策推出后，不少学者将双积分政策和补贴政策进行对比。李等（Li et al.，2020）的研究发现，与补贴政策相比，双积分政策可以显著提高新能源汽车的数量。进一步地，欧、林、齐、李、何和普泽斯米茨基（Ou，Lin，Qi，Li，He and Przesmitzki，2018）发现，与补贴政策相比，双积分政策更能刺激插电式电动汽车的销售和更多纯电动汽车进入市场。虽然双积分政策相较于补贴政策，对新能源汽车的发展起到巨大的推动作用，但陈、赵、赫和刘（Chen，Zhao，Hao and Liu，2018）认为补贴政策仍然给电动汽车的发展提供了强有力的支持，在转型期间，两项政策会相互补充。郑吉川、赵骅和李志国（2019）提出，虽然双积分政策鼓励了新能源汽车产业的革新，但从目前来看仍缺乏对企业技术创新方面的鼓励措施。研发补贴政策与双积分政策组合使用能更好地完善市场机制、推进技术创新、实现产业健康发展。而李文鹣（2021）认为，单纯的双积分政策难以发挥牵引作用，应施加较高的研发补贴和适度的税收优惠搭配才能彰显多政策配合的优势。

1.3 研究意义

新能源汽车融合新能源、新材料和互联网、大数据、人工智能等多种变革性技术，推动汽车从单纯的交通工具向移动智能终端、储能单元和数字空间转变，带动交通、能源、信息通信基础设施改造升级，促进能源消费结构优化、交通体系和城市运行智能化水平提升，对建设清洁美丽世界、构建人类命运共同体具有重要意义。为推动新能源汽车产业高质量发展，加快建设交通强国，以及全面建设社会主义现代化国家，2020 年 10 月国务院办公厅印发了《新能源汽车产业发展规划（2021—2035 年)》（以下简称《规划》），明确指出新能源汽车是汽车产业转型发展的主要方向，为双积分政策下我国汽车制造产业的发展再次指明了方向。

1.3.1 现实意义

（1）助力企业发展实践：本书用科学的方法为解决传统车企在现阶段的电动化转型决策问题提供依据，重点针对垄断车企和竞争车企的生产决策和运作优化问题进行深入探讨。为改善车企的长期运营效益，有效指导传统车企的电动化转型实践，促进新能源汽车产业高质量发展，协同推进"十四五"时期我国经济高质量发展和生态环境高水平保护，以及对和交通运输产业面临类似变革的其他行业都提供了一定的借鉴作用。

（2）提供政策完善建议：在交通强国和双碳背景下，本书为政府能够针对车企决策的特点，制定出更加精准的引导政策，保证政府政策实施的有效性和持续性，为国家宏观层面制定更精细化和更具针对性的新能源汽车产业发展政策提供借鉴和参考。

1.3.2 理论意义

（1）丰富企业决策维度：电动车企业生产决策与政府引导机制间关系的议题仍有很大拓展空间。目前关于车企决策的研究侧重于关注生产、研发投入及战略布局三类，内容多是对产量、投资规模或合作模式其一的独立分析，缺乏对转型择时类问题的关注，且尚无对这些关键决策的并行优化研究，导致对特定参数影响作用的认知存在分歧，现有结论对传统车企电动化转型面临的复杂决策和整个引导政策体系的综合战略布局调整缺乏贴近现实的指导意义。因此，本书将依靠最优控制、动态规划等相关理论，考虑消费者环境意识，填补企业决策中择时层面的研究空白，提供车企决策的科学方法，以解决传统车企电动化转型的决策困境。

（2）合理界定政府目标：现阶段政府政策体系的引导机制与优化目标等对产业发展实践更具价值的理论研究仍处于起步阶段。现有的政策研究多基于企业反馈探讨政策参数的影响作用，政府、企业目标往往默认一致，欠缺从经济与生态效益协调的全新视角对政策优化目标进行合理界定，难以建立起引导机制与企业决策的理性关联。因此，本书拟深入剖析政府目标内涵，识别并度量经济与生态效益协调下的政策优化目标，为后续研究的论证解决基础性问题，同时有效启发领域内相关政府决策研究。

（3）推动政策协调研究：现阶段政策研究虽然已围绕双积分政策、财政补贴、碳交易政策的机制内涵进行了全面探讨，从供需两侧深入研究了各政策的实施效果与改进思路，但多是对既定的外生政策指标进行直观比较，对政策间的独立、相依、时序、抵消等相互作用的研究还未得到充分关注。将政府视为决策者来考虑引导机制与政策协调问题更具实践指导意义。因此，本书基于明确界定的政府目标，探讨复合政策的引导与协调机制具有凸显的理论价值。

碳交易机制下的新能源汽车
购买决策及补贴政策研究

2.1　我国碳交易机制及新能源行业概况

个人碳配额交易机制，是一种全新的、直接作用于消费者一端的，从总量上精准控制全社会二氧化碳排放的环境政策。其核心思想是通过预先制定周期总碳排放量来控制全社会的总碳排放量，之后运用市场手段确定碳排放成本，引导个体消费者从当前高水平碳排放的出行和消费模式逐渐转向全社会的低碳出行模式，最终达到对环境保护的目标，实现对全社会能源的可持续发展。从个人碳配额交易机制本身来说，它不仅可以对总体排放量进行精准控制，同时也可以对消费者产生有效的经济激励效果，引导出行行为转型。例如，从数量控制这一方面看，政府及有关监管部门通过制定单位周期内全社会二氧化碳（CO_2）排放配额总数，确定了个人碳配额交易市场流通配额的最大值，最终根据供需关系确定具体的单位排放成本（Fawcett T., 2010）。在这一基础上，政府还可以根据需要制定减排计划及相应的完成情况，以可控的比例和数量、以年或某个特定时限为周期，灵活调整市场上的碳配额发放总量（Capstick S. B.，Lewis A.，2017）。

交通运输业是全世界范围内主要的石油消费和温室气体排放领域。国际能源署（2015）的调查结果表明，占全行业总石油排放量半数以上的交通运输业，在 2014～2015 年总计消耗了约 24 亿吨石油。二氧化碳（CO_2）排放量占全球总排放量的比例已经接近 20%。中国的交通行业发展较之世界则更为迅速，在 1992～2012 年的二十年间，中国的客运、货运公路行驶量分别增加了四倍和三倍。特别是私人用车正在迅速增长，1990 年，中国私家车只有 80 万辆，然而 2012 年，私家车总数达到了 8840 万辆[①]。为了遏制道路运输产生的温室气体排放和 PM2.5，汽车制造商设计制造了使用低生态污染的替代燃料作为动力的各种车辆。在这些产品中，混合动力电动汽车（HEV）被认为是当今最实用和最有前景的汽车，因为它们与传统内燃机有着出色的兼容性（Jeon C.，Yoo J.，Chd M. K.，2012）。目前，中国正在积极推动包括混合动力电动汽车（HEV）和纯电动汽车（PEV）在内的电动汽车（EV）的发展。

在国际上，新能源汽车主要是指全部或部分采用了非传统的汽车燃料作为主要动力来源，结合更先进的动力驱动系统，设计和生产的新一代交通工具。目前，新能源汽车主要覆盖个人家庭乘用车及重型商业用车，例如，公交车、货车、环卫车及其他重型汽车。而根据动力来源，主要可以分为三大类型，分别是混合动力汽车、燃料电池电动车及其他新型能源汽车。新能源汽车作为一种全新的交通方式，正逐渐进入普通消费者的视野，成为消费者在购车时的一项极具吸引力的选择。

在中国，政府用新能源汽车这一术语来特指有资格获取国家公共补贴的插电式电动汽车，所以仅包括电池电动汽车和插电式混合动力汽车。目前，中国的新能源汽车市场发展迅猛，其汽车保有量是世界上最大的，

---

① 国家统计局. 中国 2013 年统计年鉴［M］. 北京：中国统计出版社，2013.

累积到 2021 年，在中国共有近 784 万辆各式新能源汽车[①]。中国的新能源汽车销售量，在 2016 年跨过 50 万辆大关，在 2018 年初超过 100 万辆[②]。中国新能源汽车市场受到了国家和政府的高度扶持和保护，蓬勃发展的国内市场需求也保证了能够充分吸收国内汽车品牌的生产量。作为结果，目前 96% 的新能源汽车为国产品牌乘用车，2% 为国际品牌特斯拉，剩余 2% 为其他国际品牌（CAAM，2016）。另外，自 2013 年 9 月起，中央政府推出了一系列的补贴计划，例如，补贴纯电动乘用车最高可达约 7 万元，公交车最高可达 50 万元[③]。结合各地方政府的相应补贴政策，新能源汽车市场逐渐活跃，在 2016 年得以超越欧洲和美国，成为世界领先的新能源汽车市场。政府对推广新能源汽车的支持主要有四个目标，包括：创造一个能够创造就业和出口的世界领先的产业；改善诸多城市目前的空气污染状况；减少国家二氧化碳排放总量；保证能源安全，减少对中东国家的石油进口依赖。

然而，2012 年 6 月，国务院发布了发展国内节能与新能源汽车产业的计划，该计划设定，到 2015 年新能源汽车的销售目标将达到 50 万辆，到 2020 年达到 500 万辆[④]。可见，即使目前中国的新能源汽车市场发展得如此迅猛，一系列补贴计划作用明显，新能源汽车的销量却依然没有达到中央政府的预期。长期来看，在个人碳配额交易机制引入后，全社会所有消费者将会面临来自碳配额的制约，其购买决策势必会发生改变，消费者的新能源汽车购买决策也会随之改变。新能源汽车的突出优势，节能减排势必是提升其竞争力的重点，拥有更高燃油效率的新能源汽车能够在同样里程数情况下减少用户的燃油消耗量，降低二氧化碳排放水平，节约消费者碳配额花费（Beck M. J.，Rose J. M.，Henseer D. A.，

[①②] 2021 年中国新能源汽车产销现状、细分市场及竞争格局分析 2020 年产销量将近 140 万辆［EB/OL］. 前瞻经济学产业研究院，2021 – 06 – 03.

[③] 财政部. 关于继续开展新能源汽车推广应用工作的通知［Z］. 中华人民共和国中央人民政府网站，2013 – 09 – 17.

[④] 国务院. 国务院关于印发节能与新能源汽车产业发展规划（2012—2020 年）的通知［Z］. 中华人民共和国中央人民政府网站，2012 – 07 – 09.

2013），是消费者衡量其与传统出行交通工具的差异时必然要考虑的方面。因此，本章推测个人碳配额交易机制，配合灵活的补贴机制，将会是实现国务院发布销售目标的关键。考虑在个人碳配额交易机制下，消费者的新能源汽车购买决策，将会解开一直以来汽车销售额达不到国家预期的谜团。

本章节将运用微观经济学和消费者行为理论，建立消费者汽车选择模型来深入探讨这一问题。首先，立足于消费者效用理论，刻画消费者交通出行汽车购买决策过程中的各项成本。其次，考虑个人碳配额交易机制，设立约束条件，并根据相关约束条件，如收入约束、可交易配额约束等，优化并求解出消费者的最优交通出行选择。由于个人碳配额交易机制的总量控制特点，本书得以分析均衡状态下的配额价格及对应的补贴策略。之后，采用城镇家庭交通出行实证数据，并结合前人的研究数据，对提出的模型中的参数进行验证与灵敏度分析，为当前新能源汽车的补贴调整提供理论支撑。最后，对本章的研究进行总结，梳理有关理论贡献和管理启示。

2.2　新能源汽车购买决策及补贴模型构造

2.2.1　模型基本假设

在建立数学模型之前，首要任务是阐明消费者新能源汽车购买决策的最终目标。截至目前，学术界已有一系列文章，从许多角度研究分析了各国或地区节能汽车的接受度，并预计了未来各国新能源汽车业的发展（Bolduc D.，Boucher N.，Alvarez-Daziano R.，2008；Zanni A. M.，Bristow A. L.，Wardman M.，2013）。还有一些学者进一步考虑到环境关切因素和绿色消费行为（Ewing G. O.，Sarigollu E.，1998；Afroz R.，

Masud M. M., Akhtar R., et al., 2015)。然而, 爱德华(Edwards, 2010)在其论文中明确指出, 能源价格是影响消费者购买新能源汽车的最核心的因素, 此外, 汽车的购买成本也显著影响了消费者的购买意愿。类似地, 莱恩和波特(Lane and Potter, 2007)的研究发现, 在英国, 一些新能源汽车购买者的环境态度并没有对其最终实际的购买决策产生明显的影响。王等(Wang et al., 2016)使用了问卷调查的方法, 分析了环境问题对中国消费者购买新能源汽车意愿的影响, 结果显示, 中国消费者目前仍然更相信传统燃油汽车的稳定性和主导地位, 并且只有很少数的中国人有强烈的对抗全球变暖的意识, 这与国际上大多数学者的研究观点和决策落脚点一致(Haott, Ou X., Du J., et al., 2014; 李军、王善勇和范进等, 2016)。本书认为经济因素仍是目前影响消费者, 尤其是中国消费者购买新能源汽车决策的最核心的因素。

综上, 作为本书核心研究内容的第2章, 根据消费者行为学中的效用最大化理论, 消费者在本章的基础模型中将会是完全理性, 并掌握完全的市场信息的。其决策出发点是在引入个人碳配额交易机制后, 研究消费者购买哪种类型的汽车以满足特定的效用目标, 即个人交通的里程需求, 同时最大限度地减少总的出行消费支出。本书考虑的消费者均是新进入市场的新用户, 不考虑到旧车处理等问题。为简单起见, 假设在此交易机制中只有一个高排放需求消费者和一个低排放需求消费者, 消费者只以每年的行驶里程数来区分, 只要满足了个人的行驶需求, 其效用就视为相同, 换言之, 本章只讨论以驾车作为代步工具对消费者的效用, 不考虑车辆的其他附加属性, 如身份象征等。此外, 本书还假设两人都是有足够能力支付的消费者, 根据其行驶需求, 计划通过选择购买哪种车辆, 以及交易多少碳排放许可来最小化自身的交通成本。应指出的是, 在这个模型中没有考虑购买二手车、汽车共享计划等因素。相关拓展包括老用户的汽车换购策略、消费者非理性行为, 以及考虑汽油配额交易相关内容等, 将在之后的第4章到第6章阐述。

本书在此基本模型中假设在当前市场上的消费者只有两种类型的车

辆，即传统的燃油汽车及其相应的混合动力版本。原因如下：第一，虽然在市场上有近千种不同类型的车辆，但为了深入研究消费者新能源汽车的购买决策，排除其余因素的影响，如品牌、年份、排量、颜色等异质性，将消费者的选择限制在选择其动力来源上。第二，实际上除了混合油电汽车与纯电动汽车，中国汽车市场上还没有其他成熟的动力技术。根据国际能源署 2016 年的报告，不可再生能源将在较长时期内依然作为主力能源使用，而其他再生能源，往往以其高昂的转换成本及薄弱的群众基础，使得进展仍然相对缓慢（Bertinelli L.，Camacho C.，Zou B.，2014；Statistics I.，2016）。同时，若采用其他碳减排技术，如捕获和存储技术，也被瓦拉、欧苏利万、李和迪瓦恩（Walsh，O'Sullivan，Lee and Devine，2014）证明目前不是最佳的方法。第三，制定对采用不同发动机技术的同款车辆的补贴政策对政府来说更为切实可行，对生产商定价也有很强的参考指导意义，使得研究的政策启示更直观。

最终，本书讨论对碳配额的分配机制，它是设计个人碳配额交易的首要任务与核心要素。西方学术界目前大多推崇更为平等的配额均分策略，该策略基于公平原则，认为每个人都享有对环境相同的权利，包括车主和非车主（Pezzey J. C.，2003）。但是，考虑到中国国情，中国还有大量家庭和个人负担不起私家车，如果采用类似的配额分配策略，那么大量非车主将从免费的分配配额中受益，即拉低配额价格，最终可能会导致配额交易机制的架空。因此，根据瓦杜德、诺兰和格雷厄姆（Wadud，Noland and Graham，2008）的建议，碳排放权平均分配给每个车主。因此，选择公共交通的个人在碳配额交易体制下，将面对一个更容易的成本最小化问题，因而在本书中将被排除（Bottrill C.，2006）。此外，配额交易机制将很明显地产生管理、执法和消费者教育的成本（Fawcett T.，2010），因此本书考虑了相关的交易手续费来进一步限制频繁的配额交易和控制总排放量。

2.2.2 新能源汽车购买决策均衡模型

在本章第2.1节假设成立的情况下,考虑个人碳配额交易机制后,汽车的购买成本、维护和维修成本,以及燃料成本和碳配额消费成本等指标将成为消费者在新能源汽车购买决策中的主要考虑因素。当消费者在传统燃料车辆和混动版本车辆之间做出购买选择时,理性的消费者将在考虑满足消费者的个人车辆的年度旅行里程(目标效用的实现)的同时,结合各种其他成本和费用,选择出成本最优的决策。本章考虑不同程度排放量的市场消费者,分别构建高、低排放者的新能源汽车购买选择优化模型,并在此基础上推导均衡碳补贴额。

1. 高、低排放需求消费者的汽车购买决策

年行驶里程需求为 O_i 的高排放消费者,需要按照每周期发放的个人碳排放配额 Ψ,通过考虑需要买进的排放配额量 ψ_i,以及不同的购车选择 ϕ_i,来实现最小化其交通出行的成本 Γ。这个成本主要取决于汽车的购车成本、动力能源消费成本,以及碳排放配额交易成本(Fou J.,He H.,Wu Y.,2016;Santini D. J.,Vyas A. D.,2005)。类似地,年行驶里程需求为 O_j($O_j < O_i$)的低碳排放消费者,其成本最优决策问题也取决于上述三个方面,可以通过出售自己剩余的碳配额来获得额外的收益以补偿自己的出行成本。所以,考虑到配额交易机制,高排放需求消费者 π_i 的目标函数如下:

$$\text{Minimize } \Gamma = \phi_i \left(\frac{C_e}{\sum_{t=1}^{T} \gamma^t} + E_e O_i p_1 \right) + (1 - \phi_i) \left(\frac{C_d}{\sum_{t=1}^{T} \gamma^t} + E_d O_i p_1 \right)$$

$$+ (p_2 + \eta) \psi_i$$

$$\text{s. t. } \phi_i E_e \lambda O_i + (1 - \phi_i) E_d \lambda O_i - \psi_i \leqslant \Psi \qquad (2.1)$$

其中, ϕ_i 为关于消费者 π_i 的一个二元选择变量,即当 $\phi_i = 1$ 时,表明消

费者选择了新能源汽车；反之，当 $\phi_i = 0$ 时，表示其选择了传统的燃油汽车。C_e 与 C_d 分别代表新能源汽车与传统燃油汽车的零售价（不含补贴）。E_e 和 E_d 分别是新能源汽车和传统燃油汽车的单位里程的动力燃料消耗。显然，在此假设 $C_e > C_d$，$E_e < E_d$，即新能源汽车的售价要高于同型号的传统燃油汽车，而其燃油消耗则要低于同型号的传统汽车。另外，r 表示当前市场的资本利率且 $\gamma \equiv 1/(1 + r)$。

T 代表该汽车的服役年限，则可以推导出新能源汽车和传统燃油车的年均用车成本，分别是新能源汽车的 $\dfrac{C_e}{\sum_{t=1}^{T} \gamma^t}$ 和传统燃油车的 $\dfrac{C_d}{\sum_{t=1}^{T} \gamma^t}$，同时，假设这两种汽车在服役年限结束之后均无残值（Cachon G. P., Kok A. G., 2007）。

另外，$E_{d(e)} O_i p_1$ 表示燃料消费，其中 p_1 是单位燃料价格。Ψ 表示向每位车主发放的初始碳排放配额量，这也是车主购车决策的排放约束，p_2 则是由市场供给决定的碳排放配额价格。$\eta > 0$ 表示购入和卖出单位配额的交易成本。λ 为汽油燃烧时的二氧化碳排放率，ψ_i 为高排放需求消费者 i 需要额外购买的碳排放配额，主要取决于其出行时所驾驶汽车的二氧化碳排放率及行驶里程数。因此，对于消费者 π_i 来说，$(p_2 + \eta)\psi_i = (p_2 + \eta)(E_{d(e)}\lambda O_i - \Psi)$ 将是其在碳排放配额上需要花费的成本，其中 $\eta\psi_i$ 为购买额外配额产生的交易成本。类似地，对于相应的低排放需求消费者 j，其配额购买量 $\psi_j < 0$，所以其交易成本将被表示为 $-\eta\psi_j$，亦为正数。在接下来的模型推导部分，本章将分别讨论高、低不同排放需求消费者的决策模型。

本章建立的新能源汽车购买决策模型中的变量含义如表 2.1 所示。

表 2.1   模型中变量的含义

符号	含义
C_e，C_d	新能源（传统燃油）汽车的价格
E	单位里程的燃油消耗

符号	含义
O_i	消费者 i 的年行驶里程
p_1	燃油价格
p_2	碳配额价格
T	汽车服役总年限
r	市场资本利率
λ	燃油二氧化碳排放率
Ψ	初始发放的碳配额量
$\psi_i,\ \psi_j$	高（低）排放消费者购买（出售）的配额数量
η	碳配额买卖交易手续费

首先将高碳排放消费者的决策目标函数进行优化，当其选择购买新能源汽车时，成本函数如下：

$$\Gamma(\phi_i = 1) = \frac{C_e}{\sum_{t=1}^{T} \gamma^t} + E_e O_i p_1 + (p_2 + \eta)(E_e \lambda O_i - \Psi) \quad (2.2)$$

而当其选择购买传统燃油汽车时，成本如下：

$$\Gamma(\phi_i = 0) = \frac{C_d}{\sum_{t=1}^{T} \gamma^t} + E_d O_i p_1 + (p_2 + \eta)(E_d \lambda O_i - \Psi) \quad (2.3)$$

消费者的汽车购买决策 ϕ_i 主要取决于两种选择下的成本相对大小，根据自身的用车需要和当前的碳排放配额数，可得到 ϕ_i 的决策函数：

$$\phi_i = \begin{cases} 1 & \text{if } \dfrac{(C_e - C_d)}{\sum_{t=1}^{T} \gamma^t} + \left[p_1 + (p_2 + \eta)\lambda \right](E_e - E_d)O_i < 0 \\ \quad \sim \\ 0 & \text{if } \dfrac{(C_e - C_d)}{\sum_{t=1}^{T} \gamma^t} + \left[p_1 + (p_2 + \eta)\lambda \right](E_e - E_d)O_i > 0 \end{cases} \quad (2.4)$$

而当 $\dfrac{(C_e - C_d)}{\sum_{t=1}^{T} \gamma^t} + \left[p_1 + (p_2 + \eta)\lambda \right](E_e - E_d)O_i = 0$ 时，两种决策在成本上可视为等价，即：

$$\frac{C_e}{\sum_{t=1}^{T} \gamma^t} + E_e O_i p_1 + (p_2 + \eta)(E_e \lambda O_i - \Psi)$$

$$= \frac{C_d}{\sum_{t=1}^{T} \gamma^t} + E_d O_i p_1 + (p_2 + \eta)(E_d \lambda O_i - \Psi) \tag{2.5}$$

根据式（2.5），可以导出高碳排放消费者的决策临界碳价，即：

$$p_{2i}^* = \frac{\dfrac{C_e - C_d}{\sum_{t=1}^{T} \gamma^t} + (E_e - E_d)p_1 O_i}{(E_d - E_e)\lambda O_i} - \eta \tag{2.6}$$

如果 $p_2 = p_{2i}^*$，消费者的两种购车决策在成本上是无差异的。进一步分析可知，若 $p_2 > p_{2i}^*$，那么高碳排放消费者 i 将会更愿意采用新能源汽车，此时市场的配额需求为：

$$\psi_i |_{\phi_i = 1} = E_e \lambda O_i - \Psi \tag{2.7}$$

否则，即 $p_2 < p_{2i}^*$ 时，消费者会选择购买传统燃油汽车，此时其配额需求变为：

$$\psi_i |_{\phi_i = 0} = E_d \lambda O_i - \Psi \tag{2.8}$$

综上，由模型可得，市场上配额需求的数量是配额价格的分段函数，在 $p_2 = p_{2i}^*$ 点处分段，这是高碳排放消费者的决策临界点。显然，当交易手续费 η 越高，此临界值越低。根据式（2.7）与式（2.8），由于 $E_e < E_d$，可得出 $\psi_i |_{\phi_i = 0} > \psi_i |_{\phi_i = 1}$，即碳配额价格的升高将会减少配额的购买需求。因此，可以得到 $\psi_i |_{\phi_i = 1}$ 为市场最低的配额需求量。

类似地可以推导出低行驶量消费者的决策目标函数如下：

$$\Gamma(\phi_j = 0) = \frac{C_d}{\sum_{t=1}^{T} \gamma^t} + E_d O_j p_1 + (p_2 - \eta)(E_d \lambda O_j - \Psi) \tag{2.9}$$

$$\Gamma(\phi_j = 1) = \frac{C_e}{\sum_{t=1}^{T} \gamma^t} + E_e O_j p_1 + (p_2 - \eta)(E_e \lambda O_j - \Psi) \tag{2.10}$$

同样地，对上述式（2.9）和式（2.10）取等时得到低碳排放消费者的临界决策碳价，即：

$$\frac{C_d}{\sum_{t=1}^{T} \gamma^t} + ((p_2 - \eta)\lambda + p_1)E_d O_j = \frac{C_e}{\sum_{t=1}^{T} \gamma^t} + ((p_2 - \eta)\lambda + p_1)E_e O_j$$

$$(2.11)$$

$$p_{2j}^* = \frac{(C_e - C_d)/\sum_{t=1}^{T} \gamma^t + (E_e - E_d)p_1 O_j}{(E_d - E_e)\lambda O_j} + \eta \qquad (2.12)$$

因此，对于低碳排放消费者 j，如果 $p_2 = p_{2j}^*$，则总的出行成本在两种决策下是相同的。如果 $p_2 > p_{2j}^*$，消费者会倾向于选择购置新能源汽车，同时可供出售的配额量将会是：

$$\psi_j |_{\phi_j = 1} = \Psi - E_e \lambda O_j \qquad (2.13)$$

相反，若 $p_2 < p_{2j}^*$，那么消费者 j 会倾向于购买传统燃油汽车，此时，可够出售的配额量将是：

$$\psi_j |_{\phi_j = 0} = \Psi - E_d \lambda O_j \qquad (2.14)$$

类似地，根据 $E_e < E_d$，可得 $\psi_j |_{\phi_j = 0} < \psi_j |_{\phi_j = 1}$，即配额价格的升高将会提高燃油汽车的供给量。因此，定义 $\psi_j |_{\phi_j = 0}$ 为市场最高配额供给量。

2. 碳配额交易市场的出清条件

碳配额的价格由需求等于供给这一市场出清条件所决定。由于供需曲线（$\psi_i |_{\phi_i = 0}, \psi_i |_{\phi_i = 1}, \psi_j |_{\phi_j = 0}, \psi_j |_{\phi_j = 1}$）是离散函数，而其期望值是连续的。根据式（2.7）和式（2.8），并假设消费者每年的行驶里程 O_i 是一个独立的随机变量，由一个均值和一个随机扰动组成，即 $O_i = \overline{O} + o_i$，刻画出碳排放配额的需求函数如下：

$$\psi_i = \begin{cases} cO_i - \Psi \cdots \left(\frac{\Psi}{c} < O_i < \frac{a}{p_2 + b + \eta} \right) \\ dO_i - \Psi \cdots \left(O_i \geqslant \frac{a}{p_2 + b + \eta} \right) \end{cases} \qquad (2.15)$$

其中，$a = \frac{(C_e - C_d)/\sum_{t=1}^{T} \gamma^t}{(E_d - E_e)\lambda}$，$b = \frac{p_1}{\lambda}$，$c = E_d \lambda$，以及 $d = E_e \lambda$。假设个人每

年行驶里程的平均水平等于 μ，并且随机扰动部分 o_i 遵循正态分布，均值为零且标准差为 σ。至此，消费者的年均行驶里程即为一个以均值为 μ，方差为 σ^2 的正态分布随机变量。同时，私人交通出行需求为零的消费者（$o_i \leqslant -\overline{O}$）不会考虑购买私家车，根据本章开头的假设，也将不会进入个人碳配额交易机制。为了确保 $O_i \geqslant 0$ 这一点，进一步假设零个人用车需求的概率等于 $o_i \leqslant -\overline{O}$ 的概率，因此 O_i 密度函数如下：

$$\begin{cases} f(O_i) = 0 \cdots o_i < -\overline{O} \\[2mm] f(O_i) = P(o_i \leqslant -\overline{O}) \cdots O_i = 0 \\[2mm] f(O_i) = P(o_i = O_i - \overline{O}) \cdots o_i > -\overline{O} \end{cases} \tag{2.16}$$

因此，可导出碳排放配额的期望市场需求为：

$$E\psi_i(O_i) = \int \psi_i(O_i) f(O_i) dO_i$$

$$= \frac{1}{\sqrt{2\pi}\sigma} \int_{\frac{\Psi}{c}}^{\overline{\frac{a}{p_2+b+\eta}}} (cx - \Psi) e^{-\frac{(x-\mu)^2}{2\sigma^2}} dx$$

$$+ \frac{1}{\sqrt{2\pi}\sigma} \int_{\frac{a}{p_2+b+\eta}}^{+\infty} (dx - \Psi) e^{-\frac{(x-\mu)^2}{2\sigma^2}} dx \tag{2.17}$$

分析式（2.17）可知，当配额价格 p_2 升高，市场需求 $E\psi_i(O_i)$ 将会下降。类似地，配额供应的期望值如下：

$$E\psi_j(O_j) = \int \psi_j(O_j) f(O_j) dO_j$$

$$= \frac{1}{\sqrt{2\pi}\sigma} \int_{0}^{\overline{\frac{a}{p_2+b-\eta}}} (\Psi - cx) e^{-\frac{(x-\mu)^2}{2\sigma^2}} dx$$

$$+ \frac{1}{\sqrt{2\pi}\sigma} \int_{\frac{a}{p_2+b-\eta}}^{\frac{\Psi}{d}} (\Psi - dx) e^{-\frac{(x-\mu)^2}{2\sigma^2}} dx \tag{2.18}$$

分析可得，当配额价格 p_2 升高，市场需求 $E\psi_j(O_j)$ 将会升高。至此，根据式（2.17）与式（2.18）得到市场碳配额的需求和供给曲线。通过分析两曲线形成交点的变化路径，可进一步推导出市场均衡条件下的碳排放配额的价格 p_2^*。

2.2.3 新能源汽车补贴模型

新能源汽车补贴一直备受相关领域学者的关注。埃尔登（Erdem）等在土耳其进行了一项对混合动力汽车的调查（Erdem C.，Senturk I.，Swek T.，2010），结果显示，为了扩大市场对混合动力汽车的接受程度，政策制定者应提供税收减免或补贴等激励措施。尼朱伊斯和瓦登伯格（Nijhuis and van den Burg，2007）研究了补贴对荷兰混动汽车的购买决策的影响，研究发现，混合动力汽车的销售量显著受益于政府实施的税收补贴计划。科德、德哈恩和沃斯多夫（Coad，De Haan and Woersdorfer，2009）认为，相较于其他道德、文化扶持政策说服消费者采用绿色汽车来保护环境，经济激励计划（如政府补贴）明显更具有说服力。赫特和特思查维齐（Hirte and Tscharaktschiew，2013）采用了一般均衡模型来检验电动汽车的最优补贴，结果表明，最优补贴取决于交通相关的外部成本、环境税收等影响，以及两种汽车之间的出行成本差异。

在上述前人研究的启发下，本章节将研究在个人碳配额交易机制下的新能源汽车最优补贴问题。本章节认为为了使外部性问题内部化，对新能源汽车的补贴可以被视为庇古补贴。在均衡情况下，具有成本效益的补贴额度应该等同于新能源汽车在能源消耗方面之外对于传统燃油汽车的比较成本优势（Bdua P.，1970）。但是，在实践中，由于涉及的活动数量和受影响的人数非常多，加上缺乏足够的信息，很难实现对该边际收益货币价值的合理估计（Johnson M. P.，2001）。这便是前人在补贴问题上的研究难以更进一步的原因。而在本书中，尽管个人碳排放配额交易仍然是一个理论概念，但它可用于计算碳配额均衡价格来实现特定数量的碳排放，因此，在了解此机制下的碳定价可以为制定碳补贴政策提供重要的启示和理论支撑。在本章2.2.2节描述的均衡下，可以推导出具有成本效益的补贴水平，以平衡驾驶新能源汽车和传统车辆的总交通出行成本。

承接上一节的分析可知，当碳补贴价格达到均衡价格时，新能源汽车车主的年平均个人运输成本为：$\dfrac{C_e}{\sum\limits_{t=1}^{T}\gamma^t} + E_e \times EO_i \times p_1 + (E_e \times EO_i \times \lambda - \Psi)p_2^*$，而传统燃油汽车车主的相应成本则为 $\dfrac{C_d}{\sum\limits_{t=1}^{T}\gamma^t} + E_d \times EO_i \times p_1 + (E_d \times EO_i \times \lambda - \Psi)p_2^*$。

因此，可以导出能够平衡两者成本的成本效益条件如下：

$$\frac{C_e - CS}{\sum\limits_{t=1}^{T}\gamma^t} + E_e \times EO_i \times p_1 + (E_e \times EO_i \times \lambda - \Psi)p_2^*$$

$$= \frac{C_d}{\sum\limits_{t=1}^{T}\gamma^t} + E_d \times EO_i \times p_1 + (E_d \times EO_i \times \lambda - \Psi)p_2^* \qquad (2.19)$$

最终推导出新能源汽车碳排放成本效益补贴额度如下：

$$CS = \sum_{t=1}^{T}\gamma^t(E_d - E_e)(p_1 + \lambda p_2^*)EO_i - (C_e - C_d) \qquad (2.20)$$

为了促进市场对混合动力汽车的需求，政府可以根据式（2.20）确定对各类新能源汽车的成本效益碳补贴水平。实际上，这种补贴的效果在很大程度上受限于供应商的反应。供应商可以通过提高新能源汽车售价来迫使政府提高补贴并从中获利，在这种情况下，消费者购买决策不会受到补贴力度改变的影响。类似的情况还发生在补贴对象不定时，即当政府选择补贴生产商时，生产商和消费者对补贴的分成在很大程度上影响着补贴的效果。于是，为了探讨补贴额度本身对于消费者购买决策的影响，本书假设政府补贴总是直接或间接地提供给实际的购买者，供应商将维持稳定的汽车零售价格以保护当前的市场需求，即消费者将完全获得此利益，并将根据其额度调整自己的购买决策。

2.2.4　模型的实证研究与最优补贴分析

本章节将对上述理论模型进行实证检验。具体在中国主流汽车市场上选择了两款对应的主流车型，模拟个人碳配额交易机制下的均衡场景，即丰田凯美瑞混动旗舰版 2.5HQ 和丰田凯美瑞旗舰版 2.5Q[1]，它们具有相似的功能、外观及其他类似属性，仅仅是使用了不同的发动机技术。根据丰田官网公布的相关数据，2.5HQ 和 2.5Q 的价格分别为 53000 美元和44200 美元（见表 2.2）。根据中华人民共和国工业和信息化部（MIIT）的数据，2.5HQ 和 2.5Q 的每里程油耗分别为 0.023 加仑/英里和 0.033加仑/英里。本实证研究采用的相关数据如表 2.2 所示。

表 2.2　　　　　　　　　　最优碳补贴实证研究数据

	参数	丰田凯美瑞混合动力版 2.5HQ	丰田凯美瑞 2.5Q
C	车辆市场零售价（美元）	53000	44200
E	单位里程的燃料消耗（加仑/迈）	0.023	0.033
p_1	汽油价格（美元/加仑）	4.46	
T	汽车预计服役年限（年）	10	
r	资本利息率（%）	3	
η	配额市场交易手续费（美元/千克）	0.03	
λ	燃油二氧化碳排放率（千克/加仑）	9.84	
μ	平均年均行驶里程（迈）	13670	
σ	年均行驶里程数标准差（迈）	12888	
Ψ	初始分配的人均碳排放配额量（千克）	3873	

目前，中国的主要城市平均汽油价格约为 4.46 美元/加仑[2]。此外，中国人均年均私家车行驶里程及其标准偏差约分别为 13670 英里和 12888英里[3]。汽油的排放率约为 9.84 千克/加仑。因此，平均每辆车的碳排放量为 4439 千克/年（13670×0.033×9.84）。本部分还假设汽车的预计使用寿命为 10 年，则汽车在其使用寿命期间的总行驶里程将约为 136700 英里。此外，为了达到减排目的，假设初始配额分配为当前平均排放量的

① HQ 及 Q 指车型。
② 资料来源：笔者手工收集。
③ 资料来源：笔者从合肥某 4S 店中收集数据并整理得到。

90%，即设定为每车主 3873 千克/年，同时目前的资本利率为 3%。基于哈瓦特、泰德、布里斯托和古尼曼（Harwatt, Tight, Bristow and Gühnemann, 2011）和凡、何和吴（Fan, He and Wu, 2013）的研究，设定交易成本 η = 0.03（美元/千克）。根据式（2.17）和式（2.18），本章利用 R 软件对均衡的碳配额价格进行了测算，结果为 0.43 美元/千克。根据式（2.20）并假设消费者可以完全获得补贴利益，丰田凯美瑞 2.5HQ 的成本效益碳补贴约为 1286 美元。其他车型均可以通过本书采用的相同的方式测算相应的成本效益补贴额。

据新华社报道，自 2010 年起，财政部、科技部、工业和信息化部及国家发改委在上海、长春、深圳、杭州和合肥实施了试点补贴政策以验证补贴水平（新华社，2010）。通过比对一系列新能源汽车补贴试点计划中实施的实际补贴水平发现，目前中国针对不同动机和目标提供的新能源汽车补贴额度差异很大。随着排放控制标准和处理技术的变化，这些试点项目将产生更为高昂的管理成本。因此，本书计算出的成本效益补贴水平可以作为政策确定额度的有效参考，为进一步的政策制定提供有力的理论基础。

2.3　重要参数灵敏度分析与结果讨论

基于上述研究，探讨碳补贴政策容易受到汽油价格波动的影响。当市场上的汽油价格出现较大波动时，很可能消除政府补贴政策带来的积极引导作用（Abodie L. M., Chamorro J. M., 2008）。根据瓦杜德、诺兰和格雷厄姆（Wadud, Noland and Graham, 2008）的观点，碳补贴额度应该为汽油价格波动提供一定程度的缓冲作用。也就是说，当汽油价格上涨时，碳补贴应该相应减少，这有助于稳定汽油与汽车市场。利率是本书需要考虑的另一个因素。罗伯森特、哈利盖特、佩里辛 - 法贝尔和赫哥特（Rozenberg, Hallegatte, Perrissin - Fabert and Hourcade, 2013）表示，随着利率的上升，一些低碳汽车的开发推广项目可能获得更多贷款。因此，为了更好地了解汽油价格和利率对碳补贴的影响，本章进行了以下几项敏感性分析。

2.3.1　油价波动下的均衡价格与补贴额度分析

西藏、内蒙古等西北高海拔地区的汽油价格比我国其他东南沿海地区的平均价格高出约 1.4 倍。如图 2.1 所示，这种区域性变化的汽油价格将导致碳配额的不同均衡价格。具体而言，汽油价格从 80% p1 调整至 140% p1，导致均衡配额价格从 0.51 美元/千克下降至 0.24 美元/千克。这一发现与瓦杜德、诺兰和格雷厄姆（Wadud，Noland and Graham，2008），以及樊、何和吴（Fan，He and Wu，2016）关于碳税的研究结论一致，即当汽油价格下跌时，碳税应该变得更加严格。因此，个人碳排放配额交易机制的一个优点是它可以有效实现汽油价格的缓冲作用。如

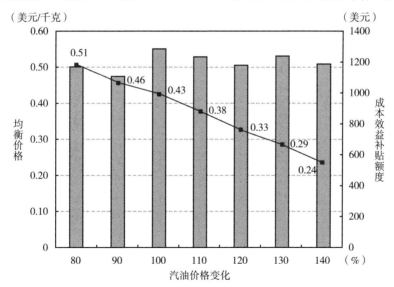

图 2.1　汽油价格变化下的均衡碳配额价格与成本效益补贴额度

注：本书所有的图来自仿真模拟的结果，仿真的数均在本章第 2.2 节说明，并给出了数据来源，也用表格进行表示（全书通用），下面不再说明。

果汽油零售价格上涨且汽油需求下降,均衡配额价格将同时下降,使得消费者支付的燃油消费总成本(汽油成本和配额成本)将保持相对稳定。对比需要政府适时调整、监管的碳税,配额交易机制灵敏地依托于市场,实现了全自动化地稳定油价和汽车市场的作用。同时,根据本书得出的成本效益碳补贴表明,在个人碳配额交易机制下,补贴额度对汽油价格变化并不敏感,这使得政府无须在面对市场油价波动的情况下迅速作出应对,这也是个人碳配额交易相对于其他环境政策的一项明显的优势。

直观上看,随着汽油价格的上涨,消费者将更多地从新能源汽车的高燃料效率中受益,而随着碳配额均衡价格的下降,其经济价值也会随之降低。也就是说,在个人碳配额交易机制下,即使汽油价格在中国各地略有不同,本章的研究结果仍可以提供一种相对统一的碳补贴水平参考。此外,由于道路类型和城乡分类,不同地区的人均年均行驶量差异很大。因此,本章调整了每年的人均行驶量数据,并发现,当消费者的年行驶量水平减少 10% 和 20% 时,均衡碳配额价格将分别降至 0.24 美元/千克和 0.10 美元/千克。从本质上讲,碳配额的需求随着市场上消费者平均的行驶里程数的减少而下降,而供应会增加,两者共同导致了碳配额价格的下降。同时,根据式(2.8),随着个人交通需求和碳配额均衡价格的下降,政府应采用的补贴额度可能会迅速减少。相反,当人均行驶里程需求上升到更高水平时,碳配额均衡价格反而会更高。因此,与其他现有针对碳减排的环境政策工具(如碳税)相比,个人碳配额交易机制也提供了更灵敏和准确的约束来控制个人旅行需求。

2.3.2 资本利率变化下的均衡价格与补贴额度分析

中国的银行存款和贷款利率由中国人民银行监管。但是,货币和债券市场的利率应由市场决定。中国政府正在尝试进行利率市场化改革,这将对低碳发展产生广泛而深远的影响。为减轻影响,政府应随着利率的变化调整碳补贴。因此,本章节将研究在资本利息率变化的背景下,碳配额均

衡价格将如何变化，同时相应的成本效益补贴额度将如何调整。结果如图
2.2 所示，随着利率的增加，成本效益补贴额度也在稳步增加。当资本利率
从 0.01 逐步上调至 0.05 时，碳配额均衡价格从 0.34 美元/千克上升至 0.52
美元/千克。同样地，成本效益补贴额度从 301 美元上涨至 2327 美元。

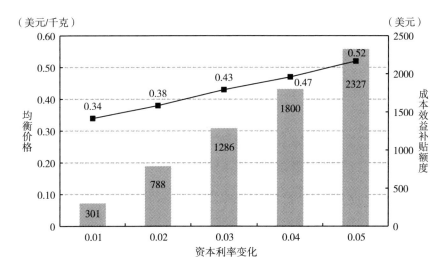

图 2.2 资本利率变化下的碳配额均衡价格与成本效益补贴额度

2.3.3 不同车型下的均衡价格与补贴额度分析

本书也对不同车型对补贴额度的影响进行了深入的研究。根据式
（2.4）和式（2.5），研究了如果市场上出现比当前车辆市场中在售的主
流混合动力汽车更便宜或更先进的技术，则均衡价格将如何变化。图 2.3
显示了当本章第 2.2 节中研究的混合动力汽车价格从 95% C_e（定价 50350
美元）变为 105% C_e（定价在 55650 美元）时的均衡碳配额价格 p_2^* 的变
化。并在其他条件不变的情况下进一步提供了新均衡下的成本效益补贴
额。结果表明当混动汽车燃油效率保持不变时，随着车辆购买成本的增
加，p_2^* 和补贴额度都会随之增加。因此，个人碳配额交易机制下的成本
效益碳补贴可以有效地稳定混合动力汽车的市场价格。

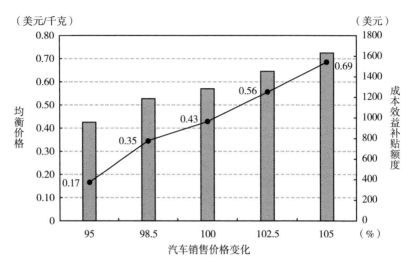

图 2.3　汽车零售价变化下的碳配额均衡价格与成本效益补贴额度

根据罗姆（Romm，2006），以及方特瑞斯、皮斯克欧普罗和萨马拉斯（Fontaras，Pistikopoulos and Samaras，2008）的研究，考虑混合动力汽车与传统汽车相比能够实现30%～50%的燃油效率提升，故进一步调整混合动力汽车的燃油效率，以研究不同燃油效率下的配额价格与补贴。结果如图2.4所示，碳配额的均衡价格随着燃料效率的提高（从110% E_e～80% E_e）而降低。直观上看，碳排放配额需求会随着燃油效率的提高而减少，而供给则会增加，因此碳排放配额的均衡价格应当会下降。此外，研究还发现更省油的新能源汽车（80% E_e）将使碳配额均衡价格和相应的补贴额变为负值，这意味着在没有足够的碳补贴的情况下购买当前市场上的燃料效率水平的新能源汽车并不是成本最佳的。相反，如果实际市场中每千米的燃料消耗没有达到本章假定的数据 E_e 时，则均衡价格和所需的政府补贴额度将会高得多。

本书从两个方面对目前的文献进行了研究。首先，明确地解释了目前中国市场新能源汽车推广过程中出现的问题。汽油价格、车辆价格和燃油效率是政府制定补贴政策的最重要因素。其次，个人碳配额交易理论模型与实证检验推出的成本效益补贴额度可以为相关政策制定提供有效的理论支撑，将为试点项目节约大量的时间和管理成本。在完成一系

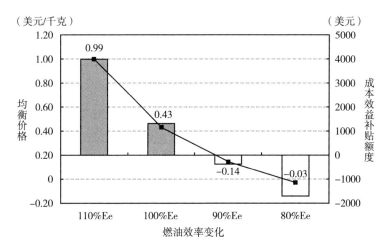

图 2.4 汽车燃油效率变化下的碳配额均衡价格与成本效益补贴额度

列敏感性分析后发现，所估计的汽车碳补贴水平是准确和稳定的，也对当前混合动力汽车市场的价格设定有一定的启示作用。

2.4 本章小结

个人碳排放配额交易机制是在十多年前提出的，被学术界众多学者认为是一项全新的、立足于个人和家庭层面的环境政策建议，通过使用全社会总配额控制和排放配额市场化交易来实现家庭碳减排。它是控制碳排放的一种有效和极具创新的工具。但是，迄今为止，由于社会接受度的问题、较高的管理和执行成本，以及对消费者教育和认知提高的需要，该机制迄今尚未在任何国家展开实施。目前，中国在该领域已经走在世界的前列，各项试点工作正有序展开，相信在不久的将来，这种市场化定价的减排政策将会在我国落地。即使如此，依然可以利用此机制作为基准模型来估算均衡碳价，并在诸多实践领域提供有价值的决策建议。例如，本章推算的具有成本效益的碳补贴额度对市场上现行的混合动力汽车的补贴政策有很好地理论补充和参考价值，能够帮助生产商、零售商、消费者及政府相关部门更深入地了解新能源汽车的购买决策与在碳减排政策大背景下的汽车推广。

本章根据开发的碳配额均衡模型，在完整的信息环境中求得了碳配额的均衡价格，随后计算出消费者购买新能源汽车而非传统燃油汽车的成本效益补贴额。一旦碳排放配额的市场价格超过计算的临界值，消费者就有理由选择购买新能源汽车作为一种更经济的出行方式。特别地，本章发现高碳排放消费者的临界碳价格低于低排放者。也就是说，高排放消费者在碳配额交易机制下能有动力接受和购买新能源汽车。

根据均衡价格，进一步计算出混合动力汽车的成本效益补贴。本章建立了个人碳配额交易机制下的碳补贴基准模型，并进行了实证检验和敏感性分析以调查汽油价格、车辆价格、市场利率、燃油效率和行驶里程对此补贴额度的影响。结果表明，汽油价格和利率显著影响碳补贴额度政策，但二者的影响并不相同，汽油价格对碳补贴有负面影响，而利率对碳补贴有正面影响。此外，本章验证了更先进、更省油的混合动力汽车将削弱均衡价格和相应的补贴，这表明在没有达到此补贴额度的情况下，购买当前技术水平下的混合动力汽车对于消费者并不是成本最佳选择。本章的研究结果进一步表明，个人碳配额交易机制对个人交通需求提供了更敏感和准确的约束。随着个人交通需求的减少，受益于碳配额价格的下降，政府的补贴总额也将大幅减少。

然而，尽管有了上述有趣的发现，但本章的理论模型是基于在本章开头许多严格的假设条件这一事实上的。例如，本章的模型尚未考虑具体的补贴分配策略和税收效应。虽然本章的研究结论是稳定的，这些具体情况对补贴政策的具体经济表现还是产生着至关重要的影响（Bovenberg A. L.，De Mooij R. A.，1994；Goulder L. H.，2013）。例如，实际的成本效益补贴额度根据不同的分配政策，可能会出现较大偏差。另外，赫特和特思查维齐（Hirte and Tscharaktschiew，2013）的研究表明，补贴电动汽车可能会产生负向的税收交互效应，进而抵消碳排放成本降低效应。因此，本章后续研究的一个重要问题将是考虑更多的财政交互因素下的汽车购买决策。

新能源汽车的换购决策研究

3.1　当前消费者购买决策与研究现状

在第 2 章的研究中讨论了个人碳配额交易机制下的新能源汽车购买决策问题，其决策出发点是在引入个人碳配额交易机制后，研究消费者购买哪种类型的汽车能满足交通出行成本最优，同时满足个人交通的里程需求。此外，第 2 章中考虑的消费者均是新进入市场的新用户，没有考虑到旧车处理等问题。

然而，波托格鲁和卡纳罗格鲁（Potoglou and Kanaroglou，2007）统计调查表明，在中国市场上，相对于新进入汽车市场的无车购买者，混合动力车更受到有车家庭和个人的青睐。张等（Zhang et al.，2013）也提出，中国消费者目前还是更倾向于购买传统的燃料动力汽车作为其第一辆使用的汽车，并且倾向于仅将新能源汽车视为第二辆汽车购买时的选择。中国的许多新能源汽车购买者都是抱有换车目的的买家，他们愿意将旧的传统燃油汽车升级为新型节能车辆（Wang S.，Fan J.，Zhao D.，et al.，2016）。所以，与第 2 章中的新用户购买决策不同，在替换购买决策过程中，应考虑旧的传统燃油车辆的残值问题对车主购买新能源汽车决策的影响。作为一个成熟的汽车市场，美国个人与家庭的换车率超过95%（Singh M.，Vyas A.，Steiner E.，2004）。中国政府对此已经采取了许多政策措施来鼓励消费者更换其车辆，增加新能源汽车的市场需求和销售。例如，根据"旧车换现金计划"（Davis L. W.，Kahn M. E.，2010），消费者可以放弃旧车并获得最多高达4500美元的以旧换新信用额度，以方便其购买新能源汽车。随着汽车市场的进一步成熟，和大批车主一代车服役年限的到期，中国汽车市场上的汽车购买可能会在不久的将来以替代购买为主（Huo H.，Wang M.，2012）。然而，中国的二手车市场仍然是一个不成熟也不被大众广泛接受的市场。因此，购买新车后的闲置汽车通常被视为浪费（Fisher M.，Ranan A.，1996），从而削弱了消费者的替代购买意愿（Okada E. M.，2001）。这一因素可能可以潜在地解释目前中国新能源汽车的市场份额较低的现状。

目前，中国政府正在大力推动新能源车辆的相关销售与换购。在很多城市，如深圳、上海、太原和合肥，很多关于新能源汽车的换购补贴政策已经开始实施。例如，2009年启动并随后扩展到更多城市和车辆数量的"十城千车"计划强调，新能源汽车买家将从中央政府获得高达5万元的补贴，以及额外补贴。此外，地方政府还推出了一系列配套的折价策略，以协助消费者通过放弃旧车获得以旧换新信用积分来解决旧车退役问题，从而使他们能够购买新能源汽车。因此，许多中国家庭在获得旧车抵扣补贴后，才能够负担得起新的节能车辆。然而，目前退役自己手头的传统汽车转而购买新能源汽车是否是最优的呢？特别是由于这些高燃油效率汽车的销量将随着燃油价格的上涨而增加（Klier T.，Linn J.，2008），对于普通消费者来说最优、最节约成本的更换时间节点在哪里？当燃油价格波动日益剧烈时，新能源汽车的推广与补贴必然受到冲击，政府又应当如何应对这一新的挑战？

本章将构建针对新能源汽车替代购买的理论模型以探索上述问题。在第2章的研究基础上考虑两个新因素，即以旧换新策略和燃料成本波

动。前人的研究已经产生了许多理论来探讨新能源汽车的市场渗透问题
（Situ L., 2009；Harlley S. W., Tsvetkova A. A., 2009）和设备更换优
化问题（Jin D., Kite-Powell H. L., 2000；Hartoan J. C., Murphy A.,
2006）。本章我们将通过优化新能源汽车的替换购买决策，给出一系列成
本效益换车时间节点的方式，来对这两大类文献做出理论补充。具体来
说，通过考虑车辆价格、燃料价格、燃料效率、补贴和旧车折价等，本
章将研究中国汽车市场的消费者的新能源汽车替代购买时间节点，还将
讨论补贴、燃料价格和旅行里程对其时间节点的影响，以及对政策制定
者、生产零售方管理者和普通消费者的启示。

　　本章后续内容安排如下。在第3.2节提出本章的核心，即新能源汽车
的替代购买优化模型。之后，根据此模型，在第3.3节利用动态规划的方
法来确定临界燃料价格和对应的换购时间节点。第3.4节将采用数值算例
来进一步阐述模型的相关结论，并进行一系列敏感度分析。第3.5节，将
总结本章的研究结论和启示，并讨论潜在的后续研究方向。

3.2　理论模型

　　基于消费者的选择行为理论，本章节将建立消费者新能源汽车换购
优化模型，研究消费者在优化其总体交通出行成本下的汽车换购决策。
在该模型中，成本优化目标函数是运行和维护总成本 C 与换购的交易成
本 R 之和。C 是指燃料消耗和维护成本，维护主要包括保险、检查和维
修成本。而 R 表示换购过程中的交易成本，即新能源汽车的购买价格减
去闲置车辆的剩余价值和提供的补贴。旧车的剩余价值随着其使用寿命
而减少。由于中国之前二手车市场的不成熟，这些旧车在过去一直被视
为废品，即无残值。然而，当今市场上的各种以旧换新策略为旧车提供
了一定的定价保障，有助于消费者考虑更换购买新能源汽车。表3.1列举
了本章模型中的所使用的数学参数的含义。

表 3.1   模型中变量含义

参数	含义
C	运行和维护成本
R	换购交易成本
E_0	换购前的总运行维护成本
E_n	换购后的总运行维护成本
$C_n(t)$	t 时刻的新能源汽车价格
$C_0(t)$	t 时刻旧车的购车抵扣价值
S	政府对新车购买的补贴额
T	换购时间节点
$X(t)$	t 时刻的燃油价格
μ	燃油价格随机变量的漂移率
σ	燃油价格随机变量的波动率
z	标准布朗运动参数
$F_0(t)$	换购前 t 时间内的总交通出行花费
$F_n(t)$	换购后 t 时间内的总交通出行花费
r	资本市场利息率
$M_0(t)$	t 时间内的传统燃油汽车累计维护成本
a	传统燃油汽车的起始维护成本
b	传统燃油汽车的维护成本增长率
$M_n(t)$	t 时间内新能源汽车的累计维护成本
q_0	传统燃油汽车的年平均燃油消耗量
q_n	新能源汽车的年平均燃油消耗量

3.2.1 决策目标函数分析

在一项换购策略中，我们假设零售商将为消费者的服役时间为 T 年的（假定消费者在 $t=0$ 时购入此车）传统燃油汽车提供的换购抵扣金额为 $C_0(t)$。同时，其在售的新能源汽车售价为 $C_n(t)$，政府将同时为其提供购车补贴 S，假定全额补贴给汽车买家。因此，在图 3.1 中，我们分析消费者在此次新能源汽车换购决策中考虑的整体个人交通用车成本。

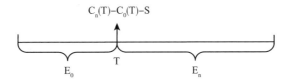

图 3.1　消费者个人交通用车总成本

注：E_0 表示在换购之前使用传统燃油汽车的总体用车和维护成本，而 E_n 则表示在更换购买之后使用新能源汽车的总用车与维护成本。总体来看，$E_0 + E_n$ 表示个人交通出行中的总用车和维护成本，而 $C_n(T) - C_0(T) - S$ 则表示换购成本。

因此，得出消费者的新能源汽车换购决策的目标函数如下：

$$C_{TR} = \underbrace{E_0 + E_n}_{C} + \underbrace{C_n(T) - C_0(T) - S}_{R} \qquad (3.1)$$

直观地看，当汽油价格上升到相对较高的点时，新能源汽车在运行成本方面优于传统燃油汽车。然而，由于零售商提供给车主的折价随着其车龄的增加而下降，更换成本日益提高。因此，通过优化此决策模型，能够推导出一个成本效益换车时间节点，使得消费者总的个人交通出行成本最优。相比于之前文献中的估计方法，对模型进行赋值能更准确地分析此节点并讨论相关参数对新能源汽车实施换购决策，即汽车推广的准确影响。

3.2.2　燃油价格模拟

燃油价格是汽车运行和维护成本的重要组成部分，与消费者总体用车成本密切相关。随着石油供应和环境污染问题的日益严峻，有关学者认为汽油价格在未来将持续波动并不断增加（Hao H.，Ou X.，Du J.，et al.，2014）。因此，本章使用几何布朗运动（GBM）来定义 t 时刻的汽油价格 X（t）：

$$dX = \mu X dt + \sigma X dz \qquad (3.2)$$

与维德诺夫、达菲尔德和韦茨施泰因（Vedenov, Duffield and Wetzstein, 2006）中提出的假设一致，本书定义 z 为一个标准的布朗运动，并假定汽油价格的漂移率 $\mu = 0.080$ 和波动率 $\sigma = 0.418$ 都是恒定不变的。根据此假设，假定 2012 年初始汽油价格为 6.84 元/升，预计 2013 年汽油价格将上涨至 11 元/升，这一数值基本与美国东西岸地区及欧洲部分地区的油价持平。在图 3.4 中，本书使用蒙特卡洛方法对上述汽油价格进行了模拟。

3.2.3　汽车运行与维护成本模拟

完成对油价变动的模拟后，本部分将讨论消费者的用车和维护成本，对于此类长期、持续的支出，为了方便比对，本章一律考虑其净现值。在本章背景下，消费者个人用车的运行和维护成本为：

$$C(X) = \underbrace{\int_0^T F_0(X(t))e^{-rt}dt}_{E_0} + \underbrace{\int_T^{T_2} F_n(X(t))e^{-rt}dt}_{E_n} \tag{3.3}$$

其中，$F_0(X)$ 和 $F_n(X)$ 分别表示在换车前和换车后的消费者用车成本，T 为换车时间点。由式（2.3）可知，消费者从 0 时刻起驾驶其传统燃油汽车，直到 T 时刻决定进行换购新能源汽车，并在之后的 T 至 T_2 时期改为驾驶新能源汽车。与科伦（Curran, 1994）及霍布斯、布什内尔和沃拉克（Hobbs, Bushnell and Wolak, 2010）文章中的假设一致，本章假定资本市场利息率 r 为 10%。这样一个较高的利率在此类设备更换文献中也比较常见，如海达里、奥文登和西迪基（Heydari, Ovenden and Siddiqui, 2012），主要作用是为了忽略模型中的其他长期成本和因素，更好地诠释更换时间节点本身的作用，方便讨论有关参数对此节点的影响。由于此利率下新能源汽车在其服役寿命后期的相关支出的净现值相对较低，使得在本模型中 T_2 可以近似地取到无穷，使得模型适用度更广，即：

$$C(X) = \underbrace{\int_0^T F_0(X(t))e^{-rt}dt}_{E_0} + \underbrace{\int_T^{+\infty} F_n(X(t))e^{-rt}dt}_{E_n} \tag{3.4}$$

其中两部分支出函数 $F_0(X)$，$F_n(X)$ 分别表示在换车之前与换车之后的燃油成本和维护成本，它们具有类似的数学表达形式，如下：

$$F_0(X(t)) = M_0(t) + q_0 X(t) \tag{3.5}$$

$$F_n(X(t)) = M_n(t) + q_n X(t) \tag{3.6}$$

其中 q_0 和 q_n 分别表示传统燃油汽车与新能源汽车的年平均燃料消耗，M_0 和 M_n 则表示对应的维护管理成本。由于新能源汽车的高能源效率，则有 $q_0 > q_n$。另外，根据冯和菲格利奥齐（Feng and Figliozzi，2014），作为影响换车的一大因素，本章还考虑了旧汽车的维护成本随着服役年限的增加而增加这一特点，即 $M_0(t) = a + bt$。而新能源汽车的维护成本 M_n，由于其处于换车时间点之后并不影响换购节点的推导，为了模型简化，在本书中用其整个服役期的平均值来代入计算。

3.2.4　汽车换购成本模拟

消费者汽车换购的成本 R 取决于新的节能汽车的购买价格与旧车剩余残值（由汽车零售商给出的抵扣金额衡量）和政府购车补贴额之和的差值。理论上，旧车的剩余残值会随着旧车服役年限的增长，行驶里程数的增加而降低。本章由于旧车在服役年限未结束前的 T 时刻将被消费者用以抵扣新车的购买金额，于是用 $C_0(t)$ 表示旧车的残值，并假定其是随着购车时间逐年降低的指数函数 $C_0(t) = c_0 \times 10^5 e^{-0.1t}$。类似的假设在阿巴迪和查英罗（Abadie and Chamorro，2008）的研究中也有采用。

类似地，本章中新能源汽车的零售价方程为 $C_n(t) = c_n \times 10^5 e^{-0.03t}$，表明新车的售价每年将降低3%，出于新车可以在除了燃油效率以外的其他方面不断更新考量，此价格浮动与实际市场上的新车价格变化基本吻合。同时，假定 $c_n > c_0$，即 T 时刻的新能源汽车价格高于 0 时刻旧的传统燃油汽车的残值，这是出于大部分消费者总是考虑更换更具价值的汽车考量。同时新能源汽车，由于其更复杂的动力技术，其市场价格目前来看普遍高于同型号的传统燃油汽车。

本书还考虑了在购车时一次性的政府补贴额 S，最终得到消费者购买新能源汽车的置换成本函数 R，将其折现至换车时刻 T，则有：

$$R = (C_n(T) - S - C_0(T)) \times e^{-rT} \qquad (3.7)$$

根据式（3.4）和式（3.7），最终得到了以下消费者换购决策的目标函数：

$$C_{TR}(X) = C + R$$

$$= \int_0^T F_0(X(t)) E^{-rt} dt + \int_T^{+\infty} F_n(X(t)) e^{-rt} dt$$

$$+ (C_n(T) - S - C_0(T)) \times e^{-rT} \qquad (3.8)$$

对换车成本函数进行简单的公式变化，可得：

$$C_0(T) \times e^{-rT} = \int_0^T \frac{d}{dt} [C_0(t)] e^{-rt} dt + c_0$$

$$= \int_0^T [-rC_0(t) + C'_0(t)] e^{-rt} dt + c_0 \qquad (3.9)$$

$$(C_n(T) - S) \times e^{-rT} = -\int_T^\infty \frac{d}{dt} [C_n(t) - S] e^{-rt} dt$$

$$= \int_T^\infty [r(C_n(t) - S) - C'_n(t)] e^{-rt} dt. \qquad (3.10)$$

在将上述式（3.9）和式（3.10）代入式（3.8），最终得到了消费者新能源汽车换购优化目标方程：

$$C_{TR}(X) = -c_0 + \int_0^T [F_0(X) + rC_0 - C'_0] e^{-rt} dt$$

$$+ \int_T^\infty [F_n(X) + r(C_n - S) - C'_n] e^{-rt} dt \qquad (3.11)$$

3.3　临界换购决策条件

基于迪克西和平迪克（Dixit and Pindyck，1994）书中介绍的标准汉密尔顿-雅可比-贝尔曼方程（Hamilton-Jacobi-Bellman）并将其应用至消费者换车决策前与决策后，本章旨在推导出消费者新能源汽车换购决策的边界条件。贝尔曼方程此前广泛应用于期权定价与投资方面的建模，其核心思路是比较策略变化前后的期望收益之差与采取全新策略的机会成本之间的关系，如果高于此机会成本，则在当期改变策略。

首先，代入贝尔曼方程得到如下随机微分方程：

$$r\left[C_{TR}(X) + c_0 \right] = \min_{C}\left\{ -P(X) + \frac{1}{dt}E\left[dC_{TR}(X) \right] \right\} \quad (3.12)$$

其中 $P(X)$ 表示在单位时间段 dt 策略 0（等待，继续开旧车）与策略 1（换购新能源汽车）的总支出，形式如下：

$$P_0(X(t)) = M_0 + q_0 X(t) + rC_0(t) - C_0'(t) \quad (3.13)$$

$$P_n(X(t)) = M_n + q_n X(t) + r(C_n(t) - S) - C_n'(t) \quad (3.14)$$

由于随机微分方程 C_{TR} 是 X 和 t 的函数，根据伊藤引理（Ito's lemma; Ito, 1944），方程 C_{TR} 有如下微分形式：

$$dC_{TR} = \frac{\partial C_{TR}}{\partial X}dX + \frac{\partial C_{TR}}{\partial t}dt + \frac{1}{2}\frac{\partial^2 C_{TR}}{\partial X^2}\sigma^2 X^2 dt \quad (3.15)$$

因此，在策略 0 更优的条件下，式（3.12）形式如下：

$$-r\left[C_{TR}^0 + c_0 \right] = P_0 - \mu X C_{TR_S} - \frac{\sigma^2 X^2}{2}C_{TR_{XX}} \quad (3.16)$$

根据式（3.16），决策函数 C_{TR} 在策略 0 下的表达式为：

$$C_{TR}^0 = A_1 X^{n^1} + A_2 X^{n^2} - \frac{M_0 - C_0(t)'}{r} - \frac{q_0 X}{r - \mu} - C_0(t) - c_0 \quad (3.17)$$

其中 n^1，n^2 是方程 $r - \mu n - \frac{1}{2}n(n-1)\sigma^2 = 0$ 的两个根。式（3.17）的前两项是式（3.16）的通解，表示策略 0 的机会价值，即等待的价值，后面几项是式（3.16）的特解。此外，进一步假定 $A_2 = 0$，n^2 是下述基本二次型的负根，来使得 $C_{TR}(X=0)$ 有限：

$$r - \mu n - \frac{1}{2}n(n-1)\sigma^2 = 0 \quad (3.18)$$

类似地，在选择策略1的条件下，即支付换购成本是有正收益的，则有：

$$-r\left[-C_{TR}^n + c_0\right] = P_n - \mu X C_{TR_S} - \frac{\sigma^2 X^2}{2} C_{TR_X X} \qquad (3.19)$$

因此，决策函数 C_{TR} 在策略1下的表达式为：

$$C_{TR}^n = B_1 X^{m1} + B_2 X^{m2} - \frac{M_n - C_n'(t)}{r} - \frac{q_n X(t)}{r - \mu} - C_n(t) + S - c_0 \qquad (3.20)$$

在策略1下，继续等待则没有意义，也失去了价值，即有 $B_1 = B_2 = 0$。接着，代入两项边界条件，$C_{TR}^0(X^*) = C_{TR}^n(X^*)$ 与 $C_{TR_X}^0(X^*) = C_{TR_X}^n(X^*)$ 来求解常数 A_1 和消费者换购决策边界条件 X^*，即边界燃料价格曲线。结果如下：

$$X^* = \frac{(r - \mu) n^1}{r(q_0 - q_n)(n^1 - 1)} \times \left[M_n + r(C_n(t) - S - C_0(t))\right.$$
$$\left. - M_0(t) - C_n'(t) + C_0'(t)\right] \qquad (3.21)$$

当某一时刻市场上的燃料价格 $X > X^*$ 时，消费者应当立即采取策略1，即投资换购汽车成本。反之，当 $X < X^*$ 时，应当停留在策略0，即选择等待时机，继续开旧的传统燃油汽车。至此，本章节根据贝尔曼方程与伊藤引理，推出了消费者的临界换购决策条件。最后，定义成本效益换购时间（CERT）为此边界燃料价格曲线与市场期望燃料价格曲线的交点，那么相对应的成本效益汽油价格（CRPT）也是与换购时间（CERT）一一对应的。更多有关换购时间（CERT）的数值计算和敏感度分析将在下一节展开。

3.4 数值计算验证与敏感度分析

本章节将使用实证数据来计算具体成本效益换购时间（cost-effective replacement time，CERT）与换购汽油价格阈值（critical replacement purchase threshold，CRPT）。根据电动汽车销售博客（EV Sales BlogSpot）网站的统计数据，比亚迪秦混合动力版在 2015 上半年内的累积销量为 16477 辆，比第二名的北汽 E 系混动汽车高出近 11000 辆，排名世界最高销量车型榜单的第四位。直到 2018 年底，比亚迪秦的销量和市场份额依然稳坐国产混动汽车的头把交椅。同时，比亚迪秦作为中国较为成熟的品牌和车型，拥有一系列完善的换购策略和政策扶持，符合本章研究的背景。因此，本章节将对以下实际问题进行算例研究：设定 2012 年为初始的决策年份，研究比亚迪 F3 车主换购比亚迪秦混合动力车的成本效益换购时间和对应汽油价格。随后，进一步通过一系列敏感度深入分析包括补贴水平、燃油价格、个人行驶里程等因素对换购时间（CERT），汽油价格（CRPT）的影响，将潜在地解释比亚迪秦目前的地位和预测其发展。本章节研究采用的相关参数数值如表 3.2 所示。

表 3.2　　　　　　　　本章算例中所使用的参数含义及数值

参数含义	数值
汽油价格变化漂移率 μ	0.080
汽油价格波动率（固定情况下）σ	0
汽油价格波动率（随机情况下）σ	0.418
资本市场利息率 r	10 %
初始汽油价格 X（0）	6.84[a] 元/升
两车年汽油消耗差 $q_0 - q_n$	1200[b] 升/年
比亚迪 F3 的年维护成本	$5100 + 1600t$[c] 元/年
比亚迪秦的年均维护成本	8900 元/年
比亚迪秦的价格 C_n	$2.0 \times 10^5 e^{-0.03t}$ 元
比亚迪 F3 的抵扣金额 C_0	$0.6 \times 10^5 e^{-0.1t}$ 元

注：[a] 燃油价格推导自 2012 年的官方可用数据均值。
[b] 数据推导依据机动车平均每百公里的耗油量，居民平均年均行驶量（Capata et al.，2011）。
[c] 数据来自合肥 4S 店均值。

　　根据表 3.2 的数据和式（3.21），以及期望燃料价格的变化轨迹，在不考虑政府购车补贴和燃料价格随机波动（σ = 0）情况下的汽油价格

（CRPT）约为 11.78 元/升，对应的换购时间（CERT）为 6.8 年。接下来，本章节将对包括维护成本、购车补贴额度、燃油价格等多项参数进行敏感度分析。

3.4.1 汽车维护成本对 CERT 和 CRPT 的敏感度分析

首先，本章节考虑随时间增加的旧车维护成本对 CERT 和 CRPT 的影响。根据之前章节的介绍，维护成本的增加，将显著影响消费者的换车决策，是导致消费者换车的重要因素之一。本章节考虑不同的维护成本增幅来研究这一影响，结果如图 3.2 所示。

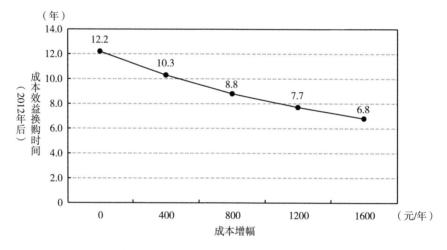

图 3.2   油价波动率为 0 的情境下维护成本增幅与成本效益换购时间

如图 3.2 所示，随着维护成本平均增幅的提高，消费者成本效益换购时间 CERT 不断下降。若在极端情况下，当维护成本的平均增幅为 0，且考虑油价波动率为 0，CERT 为 12.2 年，即到 2024 年左右，该车主才会考虑换购新能源汽车。当维护成本的增幅很高时，如每年增长约 1600 元时，消费者的 CERT 将显著降低至 6.8 年。至此，本书证实了维护成本作为促进旧车换购的重要因素，以及对新能源汽车推广进程的影响。

3.4.2 政府购车补贴额度对 CERT 和 CRPT 的敏感度分析

接下来，本章节将考虑不同购车补贴额对消费者 CERT 和 CRPT 的影响。目前，对于比亚迪秦的补贴金额受各地区的影响有较大不同，例如作为补贴试点地区的深圳市，中央政府及深圳市政府将补贴购买比亚迪秦混动汽车的车主总计约 7 万元，远远高于其他地区。因此，根据本章模型，在深圳考虑换购新能源汽车的消费者有更强的动机，具体地，其 CERT 为 4.7 年，CRPT 仅为 9.94 元/升。而极端情况下，对于尚未实施购车补贴的大多数地区，CERT 年限为 6.8 年，CRPT 高达 11.78 元/升，结果如图 3.3 所示。

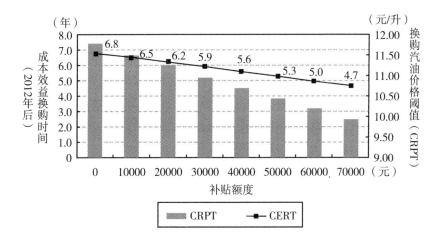

图 3.3 油价波动率为 0 的情境下政府购车补贴与 CERT，CRPT

分析证实了深圳市作为新能源汽车补贴实施最早的一批城市，其补贴额度对于新能源汽车购买具有有效的促进作用。为了研究补贴对于 CERT 具体的减少年限数，本章节定义"补贴效应"为在其他参数不变的情况下，CERT 在有无购车补贴下的差值。根据有关官方数据统计，中国西北部几个高海拔地区（如内蒙古、西藏）的汽油价格约为东南沿海地区的 1.4 倍。因此，根据不同的当前汽油价格计算总计 50000 元的政府补贴下的补贴效应（见图3.4）。随着汽油价格的上涨，政府补贴效应逐渐减弱（从1.6年降至1.3年）。另外，研究发现在油价较低的地区，政府补贴对新能源汽车换购的推动作用更显著，此结果可以部分解释在相关地区，混合动力汽车补贴额度持续减少的趋势。

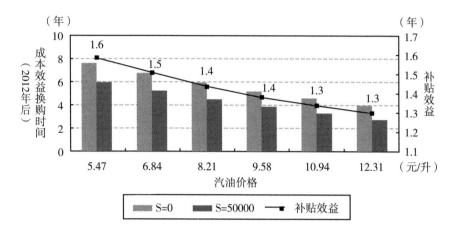

图3.4　油价波动率为0的情境下的油价与政府补贴效应

前文的敏感度分析主要讨论了油价波动率为0的情景。因此，本章将讨论不同燃油价格波动率对CERT和CRPT的影响。根据本章假设，给定$\sigma = 0.418$，分析随机油价情境下的临界换购曲线与期望油价变化曲线的交点，给出在随机油价情境下的CERT，结果如图3.5所示。

如图3.5所示，断线曲线分别与黑线和灰线的交点给出了在固定和随机油价波动情境下的CERT。计算结果表明，相对于固定油价情境，在$\sigma = 0.418$的油价随机波动情境下，消费者对于新能源汽车的CERT将推迟约4年，可见CEPT对于汽油价格的波动率是高度敏感的。因此，对于可以稳定油价的政府相关政策，如个人碳配额补贴机制，可以实现对新能源汽车推广的推动，同时降低补贴政策效率低下的风险。

到目前为止，本章讨论了补贴水平和汽油价格对消费者新能源汽车换购决策的影响。调查结果表明，如果没有达到足够的高补贴水平，消

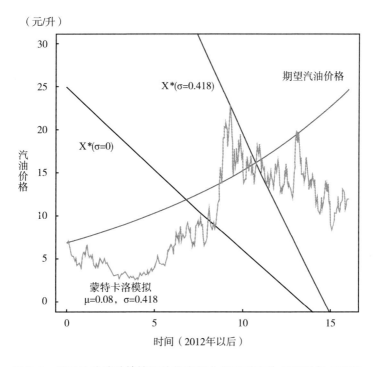

图 3.5　随机油价波动情境下油价变化曲线及对应的 CERT 与 CRPT

费者换购比亚迪秦混合动力汽车将是不具有成本效益的。具体而言，由于中国目前的汽油价格，汽油节约的经济效益仍然不够可观。然而，随着秦的燃油效率的发展或个人平均旅行里程的增加，这种优势将逐渐增加。本书进一步研究了不同行驶里程对 CERT 的影响，结果如图 3.6 所示。分析可以得出，在随机油价波动的情况下，年度行驶距离达到 20000 千米的车主的 CERT 大约是 11 年。而对于年平均行驶里程超过 80000 千米的专业驾驶员，新能源汽车目前就具有很强的成本竞争力，特别是在燃料价格稳定的地区。另外，当秦的燃料效率增加时，类似结论依然成立。这些结果解释了为什么节能汽车越来越受到公共交通领域的欢迎，如出租车、公交车，但对于低行驶需求的个人消费者的吸引力仍然有所欠缺。

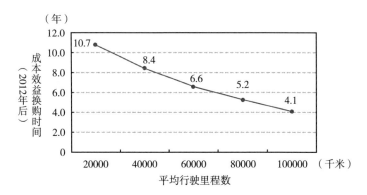

图3.6 随机油价波动情境下年均行驶里程数与 CERT

3.5 本章小结

本书在第2章的研究中建立了个人碳配额交易机制下的新能源汽车购买决策基础模型，分析了配额价格形成的过程和机制，对消费者的购买选择进行了分析研究。而当考虑到目前新兴的新能源汽车换购政策，以及目前市场上新能源汽车目标买家大多数已经是多年的车主这一背景，本章研究了此类车主的新能源汽车换购决策问题。具体地，本章首先提供了一种消费者新能源汽车换购决策优化模型，研究了消费者换购的决策机理，以帮助消费者在波动的燃料价格下最小化其总净个人交通出行成本。其次，利用动态规划的方法推导出消费者最具成本效益的换购时间，并运用比亚迪秦相关市场数据给出具体的数据分析。随后，本章进一步研究了政府补贴、市场油价波动及其他相关用车数据等因素对该决策的作用，得到了一系列重要的结论，对这一相关文献的研究缺口问题进行了很好的补充。至此，本章的主要研究结果如下。

政府提供的补贴正在显著促进新能源汽车换购的推广，但在没有相应补贴的地区，消费者仍然欠缺对于目前新能源汽车的购买动机。另外，补贴效应随着油价在未来的不断上涨及油价的剧烈波动下将会逐渐弱化。

消费者旧车的折旧、用车和维护成本显著影响其换购决策,当维护成本逐年显著增长时,消费者更倾向于考虑换购新能源汽车计划。同时,具体的换购时机也依赖于政府相应的补贴政策。

消费者的换购决策对于汽油价格波动十分敏感。在油价相对平稳的地区,更多消费者已经有理由对已有传统燃油汽车进行更换。然而在油价波动较大的地区,其他一系列政策的补充和扶持依然是必不可少的。

由于年均行驶里程数较少,新能源汽车的成本优势在低油价水平、高波动的中国市场对于个人消费者来说略显吸引力不足。相反,节能汽车的推广表现在公共交通领域较为优异。政府应该考虑相应稳定油价的配套政策,来推广新能源汽车,最终达到节能减排的目标。

本书对新能源汽车推广领域具有一定的政策启示。首先,销售经理必须意识到车主旧车的剩余价值会妨碍新能源汽车购买。因此,必须提供各种优惠的换购政策来增加消费者换车需求。其次,CERT 显著取决于汽油价格的波动性。因此,如果汽油价格维持在非常稳定的水平,新能源汽车将对考虑换购的车主变得极具吸引力。此外,在具有稳定和高燃料价格的地区,节能汽车也具有相当大的成本竞争力。政府有关部门应该考虑采取诸如碳配额交易计划等政策来稳定燃料价格(Fan et al.,2015)并实现节能汽车的高效推广。此外,将价格规定在一定水平并协调多个城市的价格可能会降低汽油价格的不确定性,从而可以有效推广节能汽车。最后,长期汽油价格必定将上涨,这将削弱政府补贴效应,政策制定者必须采取对应计划来决定补贴额度。

还有几个扩展问题值得进一步研究。首先,购车补贴在本章中依然被假设提供给最终的消费者,事实上的补贴分配机制将影响消费者完全获得这些折扣(Tang Y.,Zhang X.,Yang C.,et al.,2013)。因此,进一步的研究中应该考虑补贴分配。其次,在本章对于 CERT 的定义中,本书考虑的是汽油价格的期望路径,如果将考虑"停时"(Mosiñ O. A.,2012),则计算结果将会不同。以上拓展不会影响本书相关结论的稳定性和意义。

第
4
章

补贴政策下考虑消费者环境意识的
新能源汽车生产决策研究

4.1　有关消费者的环境意识与补贴现状概述

电动汽车作为居民出行的重要绿色产品之一，其发展对解决环境污染、能源短缺、产业结构转型升级等问题具有重要的战略意义。然而，早期的研究大多都没有考虑到多年来电动汽车实践问题和雾霾天气等环境污染事件的频繁发生，导致消费者的环境意识发生了重大变化。本章首先对消费者的环境意识进行界定和刻画，并根据消费者在电动汽车供应链中环境关注点的变化，提出以下问题：第一，在不同的销售渠道中，环境意识对电动汽车的最优定价和最终市场交易价格有什么影响；第二，环境意识对不同销售渠道的电动汽车补贴效果有什么影响；第三，环境意识对不同销售渠道的消费者福利水平有什么影响。本章将对这些问题进行讨论和回答，并基于生产决策对政府和垄断车企提出和制定一些合理性的政策措施，对于电动汽车企业绿色可持续管理具有理论和实践意义。

4.1.1 环境意识的界定与刻画

基于科赛吉和雷宾（Köszegi and Rabin，2006）的研究，本章假设消费者从购车中获得的效用不仅取决于经济剩余，还取决于与消费者异质性参考价格下带来的心理剩余。经济剩余由消费者从购买电动汽车中获得的经济利益决定，因此可以表示为 $v - p$，而心理剩余则受到消费者的环境意识影响。基于过去购买行为的经验，消费者会事先形成一个关于电动汽车的环境属性的参考值，也就是对燃油效率、节能减排等水平的预期。通过这一机制可以提供一个度量消费者环境意识的基准，来描述消费者在认知电动汽车环境属性时心理上的反应。把消费者对产品低碳水平的认知定义为产品实际的环境属性 p 和预期环境属性 r 之间的差额 $x = r - p$。科尼曼（Kahneman，1979）提出，与许多感官和知觉维度的特征一致，心理剩余的变化也可以被表示为一个关于 x 的函数。因此，可以用一个一般化的关于低碳水平认知的函数来描述消费者的环境意识：

$$g(x) = \begin{cases} \eta x, & x > 0; \\ \lambda \eta x, & x \leqslant 0. \end{cases} \tag{4.1}$$

当该产品的环境属性没有超过其心理预期（$x < 0$）时，消费者将在交易过程中获得由环境意识引发的失望感（负心理剩余）。而当 $x > 0$ 时，即该产品的环境属性超过其心理预期，则在购买过程中消费者能够获得满足感（正心理剩余）。同时，η 反映了心理效应的强度，λ 是环境意识的系数。$\lambda > 1$ 表示相比于环境属性达标带来的正效用，消费者对环境属性不达标的产品产生更高的负效用，$\lambda = 1$ 表示消费者持中立态度，对达标或不达标的产品分别会产生绝对值相等的正负效用，而 $\lambda < 1$ 意味着相比于环境属性达标带来的正效用，消费者对环境属性不达标的产品产生更低的负效用。这个参数能够对低碳水平认知带来的心理效应产生放大或缩小作用，通过这种形式能够对线性/非线性的消费者心理盈余进行科

学度量。接着，将式（4.1）中的心理效用整合到传统的效用函数中，消费者从购买过程中感知到的总体效用可以写成 $u(x,p) = v - p + g(x)$。此外，消费者对新能源汽车的估值是异质的，只有当 $u(x,p) \geqslant 0$，即 $v \geqslant p - g(x)$ 时交易才会发生。综上所述，基于 v 的分布函数，可以推导出标准化的市场总需求 $D(x,p)$ 为：

$$D(x,p) = \Pr(v \geqslant p - g(x)) = 1 - F(p - g(x)) \tag{4.2}$$

其中 $0 < D(x,p) \leqslant 1$。具体来说，$D = 1$ 表示在模型设定下，市场上所有的潜在消费者都会购买该新能源汽车。类似地，$D = 0$ 意味着没有人认为新能源汽车值得购买。除了不同的新能源汽车估值，由不同的购买经验或低碳知识储备，消费者在对产品的参考环境属性 r、低碳水平的认知 $x = r - p$ 也是异质的。为了简化计算，本章假设消费者对汽车产品的低碳水平的认知 x 在区间 $[A，B]$ 上服从均匀分布。

4.1.2　我国新能源汽车企业财政补贴现状

近年来大量扶持措施的投入，使得我国新能源汽车产业在比较短的时间内实现了爆发式增长。然而，在粗放的补贴政策和行业的过度无序增长背后，许多负面效应和弊端也逐渐显现出来（张永安和周怡国，2017），如政府补贴压力沉重、车企核心技术缺失与创新乏力、部分企业利用政策漏洞骗补等现实问题层出不穷（Zhang X.，Liang Y.，Yu E.，et al.，2017）。因此，自 2016 年起，中央财政开始对新能源汽车财政补贴政策的逐步退坡，并逐步引导政府从补购置向补研发转变，自 2017 年开始明显退坡，2019 年加速退坡。补贴退坡后市场、成本、竞争等各种压力剧增，2019 年产销量更是首次出现负增长，新能源汽车产业持续良好的发展壮大举步维艰（陈洪转和齐慧娟，2019）。虽然受新冠肺炎疫情暴发影响，补贴的全面退坡暂缓，但加速退坡，从需求侧转向供给侧的补贴模式已是大势所趋（Abadie L. M. et al.，2008）。

消费者购买意向与实际新能源汽车销售之间存在显著差距，本章将继续考虑消费者环境意识，建立模型分析在市场竞争情况下利润最大化的企业决策。关于环境意识和补贴政策对新能源汽车定价的影响问题，许多学者都进行了深入研究，例如，政府可能会关注补贴是否不足或过度，或者如何在有限的预算内合理分配不同政策的力度。同时，消费者想知道他们在对碳排放的认识和支付环境溢价的意愿上是否会真正促进新能源汽车的推广，从而真正保护环境。因此，本章将研究竞争情境下企业在面对有环境意识的消费者时的最优定价决策。本章的研究问题分为两个，第一是在涉及消费者的环境意识和车辆偏好异质性的市场条件下，新能源汽车公司应该遵循怎样的定价策略；第二是不同的新能源汽车政策会如何相互影响，以及政府该如何协调它们。

本章旨在填补消费者环境意识与新能源汽车采纳行为之间关系研究的理论空白，为政府政策协调提供理论指导，从而为现有的交通和环境管理研究作出贡献。在研究视角上，本章研究了环境意识和新能源汽车产业转型中需要解决的政策协调问题，并创新性地从两个维度考虑消费者的异质性。此外，本章还考虑了财政和非财政激励政策，以发掘二者之间的关系，从而更好地理解新能源汽车采纳行为的影响，并提出相应的优化方案。在方法上，与之前的研究不同，本章通过考虑累积市场需求来解决内生决策参数，采用霍特林模型（Hotelling model）来衡量消费者对新能源汽车的偏好，并探讨了几种典型市场结构下的企业决策。这些方面是本章有别于之前传统的新能源汽车采纳研究的创新之处。

本章的结构组织如下。第4.2节首先提出了一个基准的双头垄断模型，以说明在面对有环境意识的消费者和有车型偏好方面的异质性时，电动车企如何做出利润最大化的定价决策。第4.3节在得出模型结论后又进行了几个模型扩展，以进一步研究结果并分析参数敏感度。第4.4节讨论了政府政策的目标与优化策略。最后总结了本章的研究结果。

4.2　新能源汽车企业生产决策模型的构建

新能源汽车具有独特的环境友好和政策驱动的属性，与其他节能型产品和燃油汽车相比，关于新能源汽车销售的预测研究是有很大不同的。本章节考虑了生产燃油动力汽车或新能源汽车两个制造商销售为异质消费者提供产品的情况。作为一种创新的环境友好型车辆，除了碳排放之外，新能源汽车提供了与燃油动力汽车相同的性能。因此，本书认为二者对市场上的大多数消费者都具有同样的吸引力。但是，目前只有少数消费者关注到全球的环境问题，并愿意为降低碳排放支付更多的费用。随着各种经济性、便利性和信息化激励措施的渗透，这种有环境意识的行为变得越来越普遍。因此，本章讨论竞争背景下新能源汽车制造商的生产决策，并在考虑消费者环境意识的情况下预测市场的销售情况。本章使用的参数概要如表4.1所示。

表 4.1　　　　　　　　　　模型参数含义

符号	释义
GV	传统的汽油动力汽车
EV	新能源汽车
$\theta_{l=c,g}$	θ_c 表示没有环境意识的人口规模（传统消费者）， 而 θ_g 是指有环境意识的人口规模（绿色消费者）
r	新能源汽车对所有消费者的经济效益
t	两种类型车辆的替代水平
d_l	$l=c$, g, $d_l \in [0,1]$ 两个条件下消费者对新能源汽车的 偏爱超过了汽油动力汽车
e	新能源汽车对绿色消费者的额外环境效益
p	制造商的销售价格
$U_{ce}\ (d_{l=c,g})$	d_l 条件下传统消费者购买新能源汽车的效用， U_{cg}, U_{ge}, U_{gg} 的含义与之类似

续表

符号	释义
$D_{l=c,g}$ （p）	两个消费群体在价格 p 上的新能源汽车需求
R（p, D）	与销售价格和实现的市场需求有关的制造商利润函数
c	制造新能源汽车的生产成本
s	政府为生产一辆新能源汽车提供的补贴总额
E（s, p）	新能源汽车销售中的补贴效率
Γ	公司社会责任的限制
p_L, p_H	两个具体的定价策略
D_L, D_H	两个特定定价策略下的新能源汽车需求

4.2.1　企业定价策略分析

汽车制造商越来越多地使用直接面向消费者渠道即 DTC 渠道来销售汽车，这种趋势在新能源汽车企业如特斯拉、小鹏和蔚来中更为普遍。因此，本章考虑的是制造商绕过中间商，通过其店面、网站或与经销商的独家合作的方式进行销售的销售渠道。同时，本章的研究也考虑到政府通常会提供补贴，以提高新能源汽车的销售量和销售每辆新能源汽车的利润率。

虽然新能源汽车是汽车行业的新进入者，市场份额很小，但一些领头公司如特斯拉、蔚来、小鹏、比亚迪等已经在各自的细分市场拥有突出的定价权。这是由于新能源汽车独特的产品特性，即更低的碳排放和更智能的技术支持。与不愿意改变和克服其技术限制的燃油动力汽车品牌相比，大多数新能源汽车都得到了互联网技术公司的支持，并为其提供可以通过语音命令与新能源汽车软件集成移动平台和驾驶员互动的车载虚拟助手（如特斯拉 Model 3、蔚来 ES8、小鹏 P7）。此外，许多实证研究已经证实，潜在的新能源汽车消费者倾向于寻找相同价格范围内的燃油动力车型作为参考（Byun H., Shin J., Lee C. Y., 2018；Ito N., Takadi K., Manag S., 2013）。但由于这两类产品的发展道路截然不同，考虑与传统燃油汽车的非价格竞争将是未来新能源汽车采纳决策的基本特征。因此，本章的基准二元垄断模型假设新能源汽车制造商是定价的领导者，而传统燃油汽车制造商是为传统燃油汽车设定相同价格的跟随者。

此外，有些研究虽指出企业的营销策略可以缩小消费者环境意识及其采纳行为之间的差距（Danger G.，Itaw O.，2012；Davari A.，Stroito D.，2014），但还没有一个研究指出企业定价对消费者环境意识的重大影响。因此，与政府政策相比，企业定价策略的影响可以忽略不计。

4.2.2　决策时间线分析

如图4.1所示，新能源汽车制造商首先公布一个新的新能源汽车车型的细节，消费者得出它与传统燃油汽车对应车型的效用。其次，政府决定一个适当的激励组合政策来鼓励新能源汽车的采纳。再次，新能源汽车制造商确定销售价格并开始接受订单，而传统燃油汽车制造商也进行效仿，采用相同的价格。最后，消费者根据从交易中得到的效用做出购买决定。

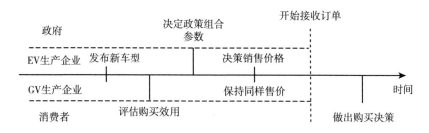

图4.1　本章基准情境下的决策时间线

4.2.3　消费者异质性分析

本章考虑二维消费者异质性 $\theta_{l=c,g}$，即消费者异质性既表现在横向对车辆类型的偏好上，又同时表现在纵向环境意识上。具体来说，在垂直维度上，根据消费者是否接受环境溢价将其分为两类。第一类是在足够长的时间内不支付溢价的消费者，称为传统消费者，用 θ_c 表示。与传统燃油汽车带来的经济效用相当，这些消费者认为购买电动汽车产品带来的经济效用不超过 r。因此，仅当销售价格 p 低于从交易中实际感受到的经济利益时，传统消费者才会购买电动汽车。第二类是愿意支付环境溢价的消费者，即绿色消费者。他们从购买电动汽车中获得的效用不仅包含经济效用，还包含一部分环境效用。具体来说，除了第一类消费者感知到的经济效用外，绿色消费者 θ_g 将获得额外的环境效用 e。由此可见，绿色消费者更愿意购买电动汽车，并从购买电动汽车中获得比传统消费者更高的效用（最高达 r + e）。

在水平维度上，两个类别的消费者对车辆类型即 EV 和 GV 也有不同的偏好。与康拉德（Conrad，2006），以及蒋、基姆和李（Jang, Kim and Lee，2018）的研究结论一致，假设消费者对每个类别中的两种类型的偏好在[0，1]上均匀分布，其中 EV 占 0 位，GV 占 1 位。位于区间（0，1）上的消费者对每种类型的估价都比相应的极端值低，且实际获得的效用由其与各端点的距离决定。因此本章采用二次效用函数 $U(d_{l=c,g})$ 来描述位于某一位置的消费者购买电动汽车或燃油汽车的效用 $d_{l=c,g} \in [0,1]$：

$$\begin{cases} U_{ce}(d_c) = r - t\,d_c^2, & U_{cg}(d_c) = r - t(1 - d_c)^2 \\ U_{ge}(d_g) = r + e - t\,d_g^2, & U_{gg}(d_g) = r - t(1 - d_g)^2 \end{cases} \tag{4.3}$$

其中 U 上的第一个下标表示消费者类型，第二个下标表示车辆类型，$t \geq 0$ 体现了两种类型车辆的替代水平。直观地讲，t 的数值越高意味着消费者的偏好差异越大，从而越能削弱两种类型的价格竞争。

4.2.4　市场需求分析

将市场规模记为 1 以简化模型。因此，没有环境意识的消费者群体

θ_c 在区间 $[0, 1]$ 内，则其他的消费者等于 $1 - \theta_c$。市场对新能源汽车的需求 $D(p): \mathbb{R}^+ \to \{0, 1\}$ 等于在采纳新能源汽车时比采纳燃油汽车时获得更高的非负效用的消费者的比例，可以写成：

$$D(p) = \sum_{1 = c, g} \theta_1 \times D_1(p) = \theta_c \times D_c(p) + \theta_g \times D_g(p) \quad (4.4)$$

其中 $D_c(p)$ 和 $D_g(p): \mathbb{R}^+ \to \{0, 1\}t$ 分别代表了两类消费者中新能源汽车采纳者的比例。由于两种车型提供了相同的经济效益和性能，两种需求都可以写成新能源汽车价格 p 的函数（允许 $r - t/4 < r + e - (e + t)^2/4t < r$ 以捕捉更多的市场细分情况，即新能源汽车采纳者的最低效用高于传统新能源汽车采纳者的最低效用 $r - t/4$，且低于最高效用 r）。不同定价策略下的市场细分和潜在市场需求如图4.2所示。具体来说，潜在市场需求函数可以划分为五个区间，并随着 p 的增加而发生明显变化。

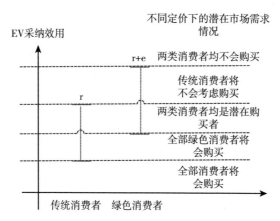

图 4.2　考虑市场细分下不同定价对应的潜在市场需求结果

如果 $p < r - t/4$，那么市场将被完全覆盖：

$$\begin{cases} D_c(p) = \displaystyle\int_0^{1/2} \theta_c dz = \theta_c/2 \\ D_g(p) = \displaystyle\int_0^{(r + e - r + t)/2t} \theta_g dz = \theta_g(r + e - r + t)/2t = \theta_g(e + t)/2t \end{cases}$$

$$(4.5)$$

否则，如果 $r - t/4 \leqslant p < r + e - (e + t)^2/4t$，一些传统消费者就不会购

买这两种类型中的任何一种:

$$\begin{cases} D_c(p) = \int_0^{\sqrt{(r-p)/t}} \theta_c dz = \theta_c \sqrt{(r-p)/t} \\ D_g(p) = \int_0^{(r+e-r+t)/2t} \theta_g dz = \theta_g(r+e-r+t)/2t = \theta_g(e+t)/2t \end{cases}$$

(4.6)

此外,如果 $r+e-(e+t)^2/4t \leqslant p < r$,一些绿色消费者不会进行购买行为:

$$\begin{cases} D_c(p) = \int_0^{\sqrt{(r-p)/t}} \theta_c dz = \theta_c \sqrt{(r-p)/t} \\ D_g(p) = \int_0^{\sqrt{(r+e-p)/t}} \theta_g dz = \theta_g \sqrt{(r+e-p)/t} \end{cases}$$

(4.7)

如果 $r \leqslant p < r+e$,所有的传统消费者都不会进行购买,只有一些绿色消费者会购买新能源汽车:

$$\begin{cases} D_c(p) = 0 \\ D_g(p) = \int_0^{\sqrt{(r+e-p)/t}} \theta_g dz = \theta_g \sqrt{(r+e-p)/t} \end{cases}$$

(4.8)

最后,$p \geqslant r+e$ 意味着这两类消费者从购买汽车中得到的效用都不为正,因此对新能源汽车的市场需求为零。

4.2.5 生产企业利润分析

传统的经济模型倾向于假设企业总是寻求利润最大化。因此,采用一个一般的利润函数 R(p, D) 来定义新能源汽车制造商的利润如下:

$$\max_p R(p,D) = \max[(p+s-c) \times D(p)]$$

$$= \max\left[\sum_{l=c,g}(p+s-c) \times \theta_l \times D_l(p)\right]$$ (4.9)

此外,新能源汽车的政策驱动属性也意味着新能源汽车企业对环境和社会有更大的责任。政府倾向于对新能源汽车企业施加一些约束,这些约束指标可以是销售额或减排量。具体来说，根据政府和社会的期望，现有文献倾向于含蓄地接受新能源汽车的采纳是一种环境友好的行为（White L. V.，Sintor N. D.，2017；Han L.，Wang S.，Zhao D.，et al.，2017）。然而，新能源汽车在驾驶过程中虽然没有进行碳排放，但发电过程严重依赖化石燃料，这导致关于新能源汽车在减少污染方面的争议越来越大（Bahamondo-Bike P. J.，2020；Jem A.，Azevedo I. L.，Miehalek J. J.，2019）。这些研究证实，许多发电高度依赖不可再生燃料的地区，与汽油动力汽车相比，新能源汽车实际上可能根本没有碳排放优势。

因此，本章提出，现阶段政府推广新能源汽车的动机不一定是为了节能减排，更多的是为了应对未来能源结构的变化，促进交通产业的发展，是一种战略部署。为了准确和严谨起见，本章将重点放在销售指标上。也就是说，本章的模型展示了政府决定受补贴的新能源汽车公司的具体销售要求的机制。因此，本章中的新能源汽车公司的定价决策既基于利润最大化原则，又基于额外的社会责任约束：

$$p^* = \text{argmax}_p R(p, D)$$
$$\text{s. t. } D(p^*) \geq \Gamma \tag{4.10}$$

其中 c 是新能源汽车制造商的单位生产成本，而 p^* 是使其利润最大化的最佳销售价格。外生的 Γ 是企业自身或政府提出的最低社会责任水平，以销量来度量，制约着企业的定价决策。本章假设作为定价领导者的制造商一直在寻求基于政府补贴的利润最大化的定价策略，而跟随者则积极避免激烈的价格竞争。需要注意的是，后文所提到的凹凸性和单调性是在其弱定义下的。

根据式（4.10），可以得出以下命题。

命题 4 - 1：环境意识并不总是对新能源汽车的采纳有单调的积极影响。相反，在生产成本高但补贴有限的市场上，充分的环境意识甚至可能阻碍新能源汽车的采纳。证明见附录。

接下来从一个数值算例开始，阐明新能源汽车企业如何进行定价决策并计算出相应的市场需求。图 4.3 显示了新能源汽车公司在高环境意识下的利润（$c=7.5$，$\theta_c=0.8$，$e=2$，$r=8$，即绿色消费者的环境效益达到总效益 $r+e=10$ 的 20%），同时提供了相应的需求。首先，应该注意到，降价总是会导致需求的增加（见图4.3）。政府宣布了对新能源汽车公司的社会责任的约束，限制了其定价的决策领域。其次，公司整合每个价格区间的市场需求的反应函数，得出有约束的利润最大化的决策。最后，市场上的消费者根据销售价格进行购买，新能源汽车的销售量也就确定了。例如，当企业的社会责任要求相对较低时，销售价格可能高达 9.18 元（$\Gamma<0.1$）。反之，在其他条件相同的情况下，当政府收紧对企业社会责任政策的约束时，最优价格可能会急剧下降到 7.91 元（$\Gamma>0.3$）。

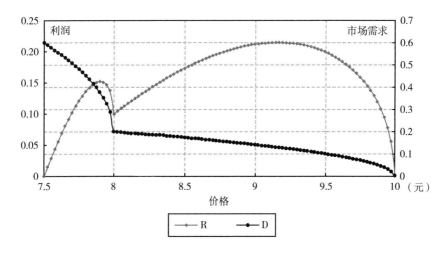

图 4.3　新能源车企的利润和市场需求随产品定价的变化

注：参数设置：$c=7.5$，$r=8$，$e=2$，$s=0$，$t=2$，$\theta_c=0.8$，$\theta_g=0.2$。

下面通过介绍并比较两种不同情况下的公司决策（$e=1$，2）来支持命题1中的陈述。可视化的数字结果可以在图4.4中找到。直观地说，绿色消费者为制造商提供的利润率始终高于那些没有环境意识的消费者。在新能源汽车发展的初期，只有少数消费者支持生态消费主义，因此，他们愿意为低排放支付更多的费用。所以，具有成本效益的定价策略就是要抓住大部分市场需求，即 $c-s\leqslant p<r$（低价策略，如图4.4中 $e=1$

时的曲线）。然而，随着环境意识 e 的增长（或绿色消费者群体规模的扩大，即 θ_g 的扩大），新能源汽车公司有越来越大的意愿提高价格，以牺牲需求为代价追求更高的单位利润，但其前提是满足基本的社会责任约束。在我们的模型设置中（$r - t/4 < r + e - (e + t)^2/4t < r$），总是有一个临界点使企业改变之前的低价策略。换句话说，尽管低生产成本允许企业采取低价策略并占领更广阔的市场，但一旦 e 超过临界点，它的最佳决策可能是放弃部分市场（高价策略，见图 4.4 中 e = 2 时的曲线）。

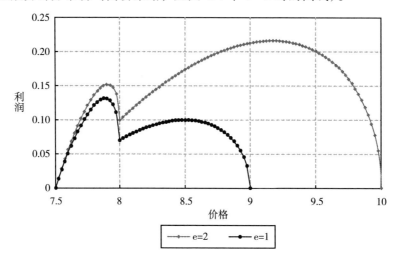

图 4.4　不同环境意识程度的市场下的车企最优定价决策示意

注：参数设置：c = 7.5，r = 8，s = 0，t = 2，$\theta_c = 0.8$，$\theta_g = 0.2$。

因此，环境意识的提高（或市场中绿色消费者的比例的增加）不一定会导致新能源汽车企业降低价格。在生产成本高、补贴有限的市场上，更多的环境意识可能不会促进新能源汽车的销售，反而会阻碍其销售。此外，只要政府的社会责任要求得到满足，企业就可能保持这种高价策略，导致补贴在一定范围内无效。政府应该意识到这一现象，并在对新能源汽车企业的销售要求方面提高补贴门槛，避免这种不良定价行为。

此外，本章节还对环境意识与其他重要参数的影响进行了研究。相关的研究结果可以总结为以下命题。

命题 4 - 2：在其他参数相同的情况下，（1）环境意识程度的提高总是单调地提高新能源汽车的销售价格和企业的利润。（2）当传统消费者未被覆盖时，环境意识与市场需求的关系是单调的正相关，但当市场被完全覆盖时，其可能是 N 型（证明见附录）。

具有环境意识的行为为市场中的特定消费群体提供了额外的环境利益。因此，与社会、政府和研究者的期望一致，环境意识被广泛认为是新能源汽车采纳积极的促进因素。然而，考虑车企的战略行为和消费者的多维异质性，命题 4 - 1 和命题 4 - 2 意味着新能源汽车的采纳不会随消费者的环境意识的提升而单调地增加。

图 4.5（a）和图 4.5（b）证实，当市场被完全覆盖时，环境意识与最优价格（图 4.5（a））和新能源汽车公司的利润（图 4.5（b））之间存在持续的正相关关系（c≤r-t/4）。然而，环境意识与市场需求的关系也可能是 N 型。特别是图 4.5（b）中需求的突然下降表明，在一个特定区间内，e 的增加不再会促使企业进一步降低销售价格，而是突然转向高价策略。对于政府来说，这种情况可以通过增加补贴、加强企业社会责任的约束、放缓环境意识的培养来消除。

图 4.5（c）和图 4.5（d）进一步讨论了生产成本高于传统消费者最高效用的情况（c≥r）。此时，高生产成本限制了企业大幅降低销售价格的行为，市场上只剩下一些绿色消费者。因此，在这个时候，环境意识对价格、利润和市场需求的影响是单调的正值。

此外，与上述分析类似，可以得到以下关于补贴效应的表述。本章主要通过研究不同的新能源汽车激励措施对新能源汽车采纳的有效性来提出相应的政府政策协调策略。

命题 4 - 3：考虑企业的战略性定价行为和消费者的异质性，s≤c-r+t/4 对所有的企业都成立。（1）补贴对降低价格和促进需求有单调的正向作用，但一旦 c 下降到临界点 r - t/4 以下时，这种作用就会消失。（2）足够数量的政府补贴会持续诱导新能源汽车企业降低价格，从而促进企业利润并推动新能源汽车的采纳。（3）政府补贴的最有效点是使企

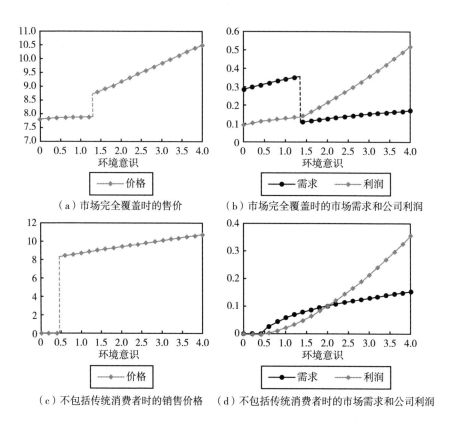

（a）市场完全覆盖时的售价　　（b）市场完全覆盖时的市场需求和公司利润

（c）不包括传统消费者时的销售价格　（d）不包括传统消费者时的市场需求和公司利润

图 4.5　环境意识的影响

注：参数设置：$c = 7.5$，$r = 8$，$s = 0$，$t = 2$，$\theta_c = 0.8$，$\theta_g = 0.2$。

业从高价策略转为低价策略的最低水平。

政府补贴的目的是通过提高新能源汽车销售的单位利润率来降低价格和扩大需求。随着政府支持力度的加大，新能源汽车企业才更有动力去降低价格，获得更多的需求，因为这不仅可以实现更多的社会责任，还可以获得更多的利润（见图 4.6）。然而，由于足够的补贴、技术的进步和规模经济效应的影响，销售新能源汽车的单位利润率逐渐增加。例如，考虑一个极端的情况，在这种情况下生产成本 c 和环境意识程度 e 都为零，但 r 很高，这种情况可能会发生在新能源汽车行业发展到某一阶段的时候，市场被完全覆盖，需求函数与价格无关［式（4.5）］，因此，在这种情况下，新能源汽车企业的定价策略的最优解总是 $r - t/4$。因此，补贴可以完全转化为企业的利润，而补贴的效应则消失了。关于企业利润的其他数值结果也可以在图4.6中找到。

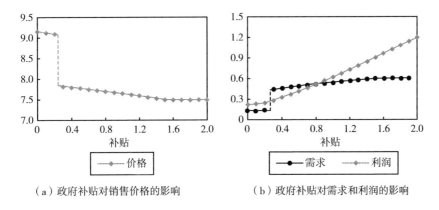

（a）政府补贴对销售价格的影响　　　（b）政府补贴对需求和利润的影响

图4.6　补贴对价格和公司利润的影响

注：参数设置：$c=7.5$，$r=8$，$e=2$，$t=2$，$\theta_c=0.8$，$\theta_g=0.2$。

4.2.6　政府补贴效率分析

根据何等（He et al.，2017）的研究结论，进一步定义新能源汽车销售的补贴效率 $E(s,p)$ 为：

$$E(s,p)=\frac{D(p^*(c-s))-D(p^*(c))}{s} \tag{4.11}$$

政府补贴能够使制造商降低价格。上面的函数衡量的是在生产成本 c 上，由补贴 s 引起的新能源汽车需求变化的比率。使用这个函数来评估政府补贴的效率，并向政府提供关于设定适当补贴水平的建议。

图4.7说明了不同补贴水平下的补贴效率的变化。可以看出，在企业的两个决策区间内，补贴效率趋于单调下降，但在决策区间内有一个不连续的跳跃，导致补贴效率的显著增加。超过这个阈值，最优决策则不再涉及高价策略，企业转而采用补贴水平较高的低价策略。因此，政府在决定补贴水平时应仔细考虑补贴效率的这种不连续性。

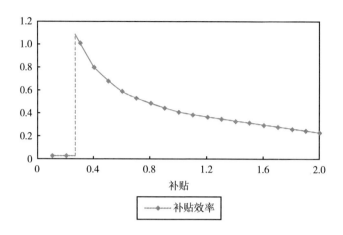

图 4.7   不同补贴水平下补贴效率的变化
注：参数设置：$c = 7.5$，$r = 8$，$e = 2$，$t = 2$，$\theta_c = 0.8$，$\theta_g = 0.2$。

此外，本节还将进一步讨论环境意识和补贴对社会福利的影响。社会福利是企业利润和消费者剩余的总和（Lahiri S.，Ono Y.，1988）。相关参数的一般设置与上面给出的参数一致，相关的结论显示在命题 4-4 中。

命题 4-4：补贴政策对消费者剩余、公司利润和社会福利都有单调的正向影响，然而，环境意识只对企业利润有单调的正向影响。对于消费者剩余和社会福利来说，更多的环境意识反而可能会将其削弱。

图 4.8 通过一个数值算例分别讨论了消费者剩余和公司利润的变化。首先，当补贴达到一定水平（图 4.8 中为 1.5）时，消费者剩余不再随补贴增长。除此之外，政府的补贴将直接转移到企业的利润中。然而，考虑将政府资金用于其他目的的机会成本，在消费者剩余达到一定水平后，政府将采取其他促销政策。因此，在消费者剩余达到高峰后，利润的补贴部分不再被认为是一种社会福利。根据图 4.8 所示，政府可以选择最有效的补贴水平（图 4.8 中为 0.3），也可以选择对消费者剩余影响不显著的水平（图 4.8 中为 1.5）。此外，与前面的研究结果类似，企业改变其定价策略所造成的不连续性在两个图中都有体现。

因此，命题 4-4 表明，政府在大多数情况下可以使用补贴政策同时增加社会福利和消费者剩余。然而，非财政政策，如促进消费者的环境

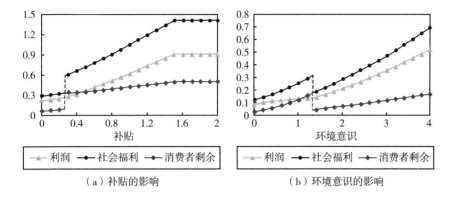

图4.8 补贴和环境意识对社会福利的影响

注：参数设置：（a）$c=7.5$，$r=8$，$e=2$，$t=2$，$\theta_c=0.8$，$\theta_g=0.2$；
（b）$c=7.5$，$r=8$，$s=0$，$t=2$，$\theta_c=0.8$，$\theta_g=0.2$。

意识，不断提高企业利润，可能会损害消费者剩余和社会福利。政府应根据消费者的环境意识灵活调整补贴水平，同时积极修改现有的补贴政策，提高补贴门槛，如通过为汽车制造商设定新能源汽车销售或排放目标，并引入分层补贴政策，如基于碳信用额、新能源汽车销售等。

4.3 考虑不同市场结构下的模型推广

上一节探讨了新能源汽车公司在双头垄断情况下的战略定价决策，得出了四个有意义的命题。本章节将对决策情况进行扩展，以检验之前研究结果的稳健性，并进一步探讨一些未研究变量的影响。具体来说，将市场结构分别扩展到寡头垄断、完全替代和价格竞争的情况，并进行定性和定量研究。

4.3.1 垄断型市场下新能源汽车企业生产决策模型

新能源汽车行业在许多国家和地区仍处于起步阶段，在大多数地区，新能源汽车通常很难与燃油动力汽车竞争。因此,本章节考虑的是一个公司推出新的新能源汽车模型进行销售的垄断情况。在这种情况下,消费者的异质性也可以从两个方面来体现。一方面,从环境意识角度将市场划分为两个群体;另一方面,每个群体中的消费者在购买新能源汽车时可能获得不同的经济利益。这种组内异质性在本章使用均匀分布来进行确定。为了简单起见,补贴和社会责任都被假定为零。所有其他参数与之前的设定保持不变。新能源汽车制造商知道 r 在一个区间内连续分布,密度函数为 $f(\cdot)$。让 $F(\cdot)$ 表示新能源汽车经济效益的累积分布函数,使其在区间上是连续可微的。

假设 $r \in [a,b]$ 和 $b-a < e$ 作为避免细分市场重叠,当制造商决定降低价格并争取到两组消费者时,市场需求可以写成一个函数为 $p_L \in [a, b]$,即 $D_L = \theta_c[1 - F(p_L)] + \theta_g$。相反,如果制造商决定只覆盖那些有环境意识的绿色消费者,市场需求将是 $D_H = \theta_g[1 - F(p_H - e)]$,其中 $p_H \in [a+e, b+e]$。

最重要的是,市场需求 D 和销售价格 p 之间的关系如下:

$$D(p) = \begin{cases} 1, p \leqslant a \\ \theta_c(1 - F(p_L)) + \theta_g, a \leqslant p < b \\ \theta_g, b \leqslant p < a+e \\ \theta_g[1 - F(p_H - e)], a+e \leqslant p \leqslant b+e \\ 0, p \geqslant b+e \end{cases} \tag{4.12}$$

当新能源汽车制造商决定覆盖两个细分市场时,其利润函数可写为:

$$\max_p R(p_L, D) = \max[(p_L - c) \times D_L]$$
$$= \max[(p_L - c) \times [\theta_c(1 - F(p_L)) + \theta_g]] \tag{4.13}$$

同样地,当其决定只争取绿色消费群体时,有:

$$\max_p R(p_H, D) = \max[(p_H - c) \times D_H]$$
$$= \max[(p_H - c) \times [\theta_g(1 - F(p_H - e))]] \tag{4.14}$$

因此,由制造商确定的最终销售价格应该是:

$$p^* = \mathrm{argmax}_p R(p, D)$$

$$= \mathrm{argmax}_p \left[(p_H - c) \times [\theta_g (1 - F(p_H - e))] , (p_L - c) \right.$$

$$\left. \times [\theta_c (1 - F(p_L)) + \theta_g] , 0 \right] \tag{4.15}$$

当 θ_g 从 0 增加到 1，式（4.13）和式（4.14）都会上升，但上升的速度并不一样。当 $c \leqslant a$ 且有一个正根 $\hat{\theta}$ 使得式（4.13）等于式（4.14）时，制造商将完全放弃 $\theta_g > \hat{\theta}$ 以外的传统消费者，这一模式与上述基准模型的结论一致。随后再讨论 $a < c \leqslant b$ 情况下的结果，由于消费者获得的经济效益低于 c，如果没有足够的政府支持，消费者就不会考虑购买，那么将会直接被制造商抛弃。因此在这种情况下，与情景 $c \leqslant a$ 除了市场细分率外没有任何不同。

本书还研究了这种情况下生产成本对销售价格的影响。相关的参数被假定如下：（1）绿色消费者占总数的一半即 $\theta_g = 0.5$；（2）市场上所有消费者的经济效益均匀分布在 $[7.5, 8.5]$；（3）绿色消费者的额外环境效益为 $e = 2$。因此，低价策略的利润水平可写为 $(p - c)[1/2 \times (1 - F(p)) + 1/2]$，而高价策略的利润水平则为 $(p - c)[1/2 \times (1 - F(p - 2))]$。随着 c 在 $[0, 7.5]$ 内变化，两种利润函数在其区间内单调地减少。因此，有且只有一个正根能使整个利润函数最大化，其结果如表 4.2 所示。

表 4.2 　　　　　　　　不同生产成本下两种策略对应的最优销售利润与价格

符号	估值							
生产成本 c	1.0	2.0	…	5.0	6.0	7.0	7.2	7.4
低价策略的利润	6.5 (7.5)	5.5 (7.5)	…	2.5 (7.5*)	1.53 (7.75)	0.78 (8.25)	0.66 (8.25)	0.55 (8.45)
高价策略的利润	4.25 (9.5)	3.75 (9.5)	…	2.25 (9.5)	1.75 (9.5*)	1.75 (9.5*)	1.25 (9.5*)	1.05 (9.5*)

注：括号内为每种策略下的理论最优价格，＊表示其与该生产成本下最终施行的销售价格一致。

随着生产技术的进步或规模的迅速扩大，新能源汽车的生产成本必然会大幅下降。然而，如表4.2所示，当成本刚刚降低到传统消费者可接受的范围时，垄断企业仍会保持其原来的高价策略。与表4.3中的二元垄断的情况相比，新能源汽车垄断企业拥有更广阔的市场，在其他条件相同的情况下，它更可能坚持高价策略。因此，政府必须及时降低对新能源汽车垄断企业的补贴水平或其他经济激励措施，同时增加社会责任约束，以阻止车企采取高价策略，或督促其尽快转型。

4.3.2 完全替代市场中的新能源汽车企业生产决策模型

第4.2节研究了一个双头垄断的情况，其中异质消费者对两个车企的车辆都有偏好。根据该模型的设置，t越高，从消费者的角度来看，新能源汽车和传统燃油汽车的差异就越大。在这一部分中，本章将对偏好t进行限制来推导出新能源汽车企业定价策略的闭合式表达。特别是通过分析一个极端情况 $t = 0$，即消费者在性能和经济效益方面对任何车型都没有偏好时，也就是在完全替代时讨论生产成本的影响，并进一步检验其结果。

对于传统的消费者来说，相同的经济效益和性能将市场五五分成，因此，当市场被完全覆盖时，需求是 $\theta_c/2$。相反，所有的绿色消费者都认为购买电动汽车比燃油汽车更好，因此，一旦当效用超过价格时，他们就会购买电动汽车。与图4.1中的决策时间线类似，领导者即新能源汽车企业首先根据市场细分设定价格，然后跟随者即燃油汽车企业设定同样的价格，从而确定最佳决策，并得出几个推论。

第4.2节讨论了固定市场细分下的企业决策（$\theta_c = 0.8$，$\theta_g = 0.2$）。本部分将通过一些数例研究进一步说明市场细分对企业决策的影响，发现关键参数的值与第4.2节一致（$r = 8$，$e = 2$）。特别的是，本章按生产成本对决策情况进行划分，即有低利润率情况（$c = 8.5$）和高利润率情况（$c = 7.5$）。推论4-1将新能源汽车的采纳与各种市场参数联系起来并提供了一些直观的解释，如销售价格和环境意识程度。

推论 4 – 1：如果 c – s < r，（1）当 $c \leq r + s - \dfrac{2e(1 - \theta_c)}{\theta_c}$ 时，制造商利润最大化的新能源汽车的最佳销售价格等于 r；（2）否则，市场价格将为 r + e（证明见本书附录）。

利用一些数值算例来进一步说明本书在推论 4 – 1 中的发现。图 4.9 展示了制造商在不同生产成本下的定价策略。值得注意的是，在这两种情况下，销售价格都随着环境意识的提高而单调地增加。具体来说。c = 8.5 > r 意味着企业的定价策略中没有考虑传统消费者。确定的销售价格总是能够捕捉到社会的总剩余。因此，市场需求出现在 e 相对较高时（即图 4.9 中环境意识略大于 0.5 时），之后便随着 e 的增加而增加，如图 4.9（a）所示。

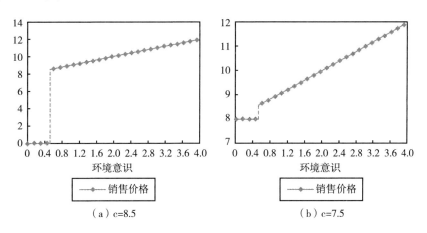

图 4.9　环境意识对完全替代情境下最优销售价格的影响
注：参数设置：r = 8，s = 0，e = 2，t = 2，$\theta_c = 0.8$，$\theta_g = 0.2$。

相反，c = 7.5 < r 表明企业有可能设定低价来争取所有客户。如图 4.9（b）所示，当 e 一开始就很低时，与前一种情况相比，企业有更大的动机来设定更低的价格（p > 8）。然而，一旦有环境意识的消费者的利润率足够高时，这种低价策略就不再是最佳策略。特别是如图 4.9（b）所示，在 $\theta_g = 0.2$ 的情况下，一旦 e 超过 0.5，公司就会倾向于提高价格。此外，可以推断出，市场上的绿色消费者越多，生产成本越低，或环境意识程度越高，企业就越有可能突然提高价格，而完全放弃传统消费者。

推论 4 - 2：如果 $r \leq c - s < r + e$，（1）市场需求随着有环境意识的消费者群体规模的增加而增加；（2）当生产成本 c 下降到 r 时，由于技术的发展，新能源汽车的销售量会显著增加；（3）然而，一旦环境意识 e 足够高，新能源汽车的销售可能会急剧下降。

此外，本书还讨论了不同生产成本下环境意识的影响。具体来说，推论 4 - 2 证实了在完全替代的情况下，环境意识不一定能刺激新能源汽车的采纳。$c \geq r$ 表明，所有没有环境意识的消费者都不会从购买新能源汽车中获得正效用。然而，有环境意识的消费者会愿意为大幅度低排放支付溢价。因此，随着环境意识程度 e 的提高，这少部分人的意愿最终创造了对新能源汽车的需求，这与世界各地新能源汽车发展的早期阶段是一致的。图 4.10 展示了一个具体例子。

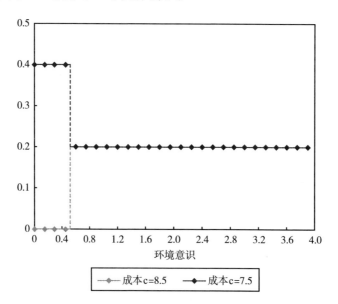

图 4.10 不同生产成本下的市场需求

注：参数设置：$r = 8$，$s = 0$，$e = 2$，$t = 2$，$\theta_c = 0.8$，$\theta_g = 0.2$。

此外，随着技术的发展，企业的生产成本可能会迅速降低，这将提高消费者的效用，并进一步促进新能源汽车的采纳。然而，当 e 上升到一定水平时，企业仍有可能改变其策略。如在推论 4 - 1 中，当环境意识足够高时，企业通过提高销售价格来限制其目标消费者，以获得更高的利润。

推论 4 - 3：当生产成本 $c \geqslant r + s - \dfrac{2e(1 - \theta_c)}{\theta_c}$ 时，新能源汽车的销量会随着补贴水平的提高而增加。然而，当生产成本 $c < r + s - \dfrac{2e(1 - \theta_c)}{\theta_c}$ 时，销量与补贴之间的这种正相关关系就会消失。证明见附录。

最后，说明了生产成本和补贴效果之间的关系。直观地说，制造商的利润总是随着补贴水平的提高而增加，因为政府允许制造商调整定价策略从而灵活地覆盖不同的客户群体。具体来说，当生产成本较高时，适当的补贴可以使制造商通过降低销售价格来获得更大的消费群体，即通过降低销售价格来促进新能源汽车的采纳。然而，随着环境意识程度 e 的提高，在价格下降方面，e 带来的负面影响可能会抵消补贴带来的积极影响。因此，销售价格可能会更高。在这种情况下，同样数量的补贴可能不再有用。推论 4 - 3 的结果说明"过犹不及"。因此，根据实际生产成本情况，政府必须动态地调整政策组合，以防止这种情况发生。

4.3.3 价格竞争市场中新能源汽车企业生产决策模型

由于可用车型相对较少，市场份额较低，目前很难将典型的新能源汽车车型与燃油汽车车型准确匹配。因此，与燃油汽车企业内部激烈的价格竞争相比，新能源汽车企业内部或新能源汽车企业与燃油汽车企业之间的价格竞争还比较弱。然而，随着领先的新能源汽车公司的不断发展和产品线的不断丰富，新能源汽车企业和燃油汽车企业之间的价格竞争会变得更加明显。因此，本部分将市场结构扩展到考虑两个公司进行价格竞争的情况。

具体来说，与基准模型不同，燃油汽车公司不再充当追随者。两家公司都知道对方的信息，并将同时确定各自产品的价格。本书将说明替代水平 t 的影响并进一步验证这一发现。通过考虑几个具体情况，得出了以下推论。

推论 4 - 4：当所有的传统消费者都没有被覆盖时，（1）新能源汽车的价格随着消费者评价和环境意识的增加而单调地增加，但随着补贴的增加而减少；（2）市场对新能源汽车的需求随环境意识的增加而单调增加；（3）替代水平越高，环境意识对利润的积极影响就越明显（证明见本书附录）。

即使传统消费者没有被覆盖，政府的补贴和消费者的环境意识可以使新能源汽车制造商以非负的单位利润生产和销售新能源汽车。换句话说，高生产成本（$c - s > r$）会使市场上只有新能源汽车企业。因此，这种情况实际上可以还原为新能源汽车制造商是一个垄断者。如果 $r + e - t \geq r$，市场需求将是 θ_g，否则，将是 $\theta_g \sqrt{(r + e - p_e)/t}$。所以，可以很容易地得到最佳的销售价格，即 $p_e^* = (2r + 2e + c - s)/3$。

通过确定利润最大化的新能源汽车价格、市场需求、相应的利润及它们之间的关系，推论 4 - 4 证实了以前结果的稳健性。此外，最优利润 R_e^* 对环境意识程度 e 的偏导数，即 $\theta_g((s + 3r + 3e - c)t - 2r - 2e)/(\sqrt{3t}\sqrt{(3r + 3e)t + s - 2r - 2e - c})$ 表明，在这种情况下，环境意识对利润的影响是正的，而且会随着 t 变得更大。在实践中，新能源汽车企业及其产品走的是一条与燃油汽车完全不同的道路（例如，突出智能技术和分销渠道的优势）。本书的结果进一步肯定了在新能源汽车行业发展的早期阶段，补贴和差异化产品特征的重要性。

另外，考虑一个完全覆盖的市场，即所有的消费者都会购买新能源汽车或燃油动力汽车。由于两种定价策略的决策区间并不重合，首先分别分析两种定价策略下的市场均衡。特别是，当新能源汽车制造商通过采取低价策略来获得更高的利润时，两个公司的目标函数分别为（下标为 l 和 h 分别用来表示低价策略和高价策略）：

$$\begin{cases} R_{el}(p_e, D) = (p_e + s - c) \times \left(\theta_c \times \dfrac{p_g - p_e + t}{2t} + \theta_g \times \dfrac{p_g - p_e + e + t}{2t} \right) \\ R_{gl}(p_g, D) = (p_g - c) \times \left(\theta_c \times \dfrac{p_e - p_g + t}{2t} + \theta_g \times \dfrac{p_e - p_g - e + t}{2t} \right) \end{cases}$$

$$(4.16)$$

因此，在新能源汽车企业的低价策略下，新能源汽车和燃油动力汽车的对应价格可以描述为：

$$\begin{cases} p_{el}^* = t + c + \dfrac{\theta_g e - 2s}{3} \\ p_{gl}^* = t + c - \dfrac{\theta_g e + 2s}{3} \end{cases}$$

$$(4.17)$$

同样地，高价策略下的价格可以表示为：

$$\begin{cases} p_{eh}^* = t + c + \dfrac{(2 - \theta_g)e - 2s}{3} \\ p_{gh}^* = t + c + \dfrac{(2 - 4\theta_g)e - 2s}{6} \end{cases}$$

$$(4.18)$$

推论 4-5 整理了上述分析的结果，这些结果可以支持在基准模型下环境意识、产品定价和市场需求之间关系的描述。

推论 4-5：当市场被完全覆盖时，参数的变化不会导致新能源汽车企业战略的改变，（1）新能源汽车价格随着环境意识和替代水平的增加而单调上升；（2）新能源汽车市场需求也随着环境意识程度的提高而单调上升（证明见本书附录）。

企业总是在两种策略之间进行动态选择，以确保企业的利润总是最大化的，因此企业的均衡利润总是较高的。图 4.11 显示了两种定价策略下的利润变化，其他参数的值与之前相同（$c = 7.5$，$t = 2$，$e = 2$，$\theta_c = 0.8$，$\theta_g = 0.2$）。此外，令 $r = 10$ 以确保在价格竞争的情况下市场被完全覆盖。

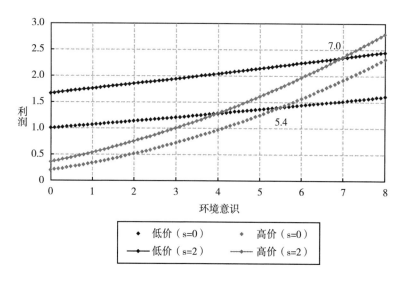

图 4.11　两种定价策略下的利润变化

注：参数设置：$c=7.5$，$r=10$，$e=2$，$t=2$，$\theta_c=0.8$，$\theta_g=0.2$。

因此，利润函数的差异（$R_{el}-R_{eh}$，$R_{gl}-R_{gh}$）和图 4.11 都表明，在价格竞争市场上，这两种策略可能会有交集。一般而言，当绿色消费者的份额较高，环境意识较高，而受补贴的电动汽车企业的盈利能力仍然较低时，电动汽车企业的最优策略很可能发生变化，导致电动汽车市场需求下降。

同时，从图 4.11 中可以看出，在任何环境意识的程度下，补贴总是会增加企业的最优利润（相当于交叉点之前的曲线为"低价"，或交叉点之后的曲线为"高价"）。此外，补贴 $s=2$ 推迟了战略转换的临界点，即从 $e=5.4$ 到 $e=7.0$。这种推迟反映了补贴和提高环境意识在促进新能源汽车销售方面的潜在的反作用。

最后，考虑整个定价区间来说明两个企业在纳什均衡时的定价。每个企业有两个选择，总共有四种结果，即（p_{el}^*，p_{gl}^*），（p_{eh}^*，p_{gl}^*），（p_{el}^*，p_{gh}^*），（p_{el}^*，p_{gh}^*），这些结果可以用表 4.3 中的报酬矩阵表示。每行表示燃油动力汽车企业的决策，每列表示新能源汽车企业的决策。

表 4.3　　　　　　　　　　　　　定价博弈的收益矩阵

类型		新能源汽车企业	
		P_{el}^*	P_{eh}^*
传统燃油汽车企业	P_{gl}^*	(R_{el}, R_{gl})	(R_{eh}, R_{gl})
	P_{gh}^*	(R_{el}, R_{gh})	(R_{eh}, R_{gh})

　　均衡定价策略。如表 4.4 所示，当绿色消费者的环境意识显著时（在表 4.4 中 e>1），补贴会一直诱导燃油动力汽车企业降低价格，但对新能源汽车企业来说不一定。具体来说，当 e 相对较小时，e 的增加会降低均衡的新能源汽车价格，促进新能源汽车的采纳。然而，当 e 持续增加到一个阈值时，均衡价格会显著上升，并将导致新能源汽车销售量的减少。因此，本章得出的基准模型下的结论可以有效地推广到价格竞争的情况。

表 4.4　　　　　　　　　不同环境意识与补贴水平下的纳什均衡结果

类型		环境意识水平					
		0	1/3	2/3	1	2	4
补贴水平	0	P_{el}^* (9.5,9.5)	P_{el}^* (9.48,9.48)	P_{eh}^* (10,9.45)	P_{eh}^* (10.1,9.43)	P_{eh}^* (10.7,9.37)	P_{eh}^* (11.9,9.23)
	1/3	P_{el}^* (9.72,9.28)	P_{el}^* (9.7,9.26)	P_{eh}^* (10,9.23)	P_{eh}^* (10,9.21)	P_{eh}^* (10.48,9.14)	P_{eh}^* (11.68,9.01)
	2/3	P_{el}^* (9.94,9.06)	P_{eh}^* (10,9.04)	P_{eh}^* (10,9.01)	P_{eh}^* (10,8.99)	P_{eh}^* (10.26,8.92)	P_{eh}^* (11.46,8.79)
	1	P_{eh}^* (10,8.83)	P_{eh}^* (10,8.81)	P_{eh}^* (10,8.78)	P_{eh}^* (10,8.76)	P_{eh}^* (10.03,8.7)	P_{eh}^* (11.23,8.56)
	2	P_{eh}^* (10,8.16)	P_{eh}^* (10,8.14)	P_{eh}^* (10,8.12)	P_{eh}^* (10,8.1)	P_{eh}^* (10,8.03)	P_{eh}^* (10.56,7.9)
	4	P_{eh}^* (10,7.5)	P_{eh}^* (10,7.5)	P_{eh}^* (10,7.5)	P_{eh}^* (10,7.5)	P_{eh}^* (10,7.5)	P_{eh}^* (10,7.5)

4.4 政策启示

以前的一些研究已经讨论了新能源汽车政策及其影响，但仍然缺乏对政策之间的互动和协调的深入研究。特别是，关于新能源汽车营销的研究往往讨论消费者或企业在低碳政策约束下的决策，因此大多只考虑单边的上下游影响（Feng W., Figliozzi M., 2014；Hsu C-I., Li H-E., Lu S-M., 2013）。很少有研究考虑下游环境意识对新能源汽车行业上游决策的影响。同时，在新能源汽车政策研究方面，现有的研究大多是比较既定的外生政策指标（Adepetu A., Keshav S., 2017），而对政策之间的相互作用还没有足够的重视。因此，涉及异质消费者、竞争企业和各种政府激励措施的多边影响和博弈的研究可能会提供更重要的现实指导。此外，在政府目标、定义和操作层面上讨论新能源汽车推广政策的协调也有巨大价值。

4.4.1 政府激励措施和消费者采纳的相互作用

虽然单一政策可能对新能源汽车产业整体发展的影响有限，但多种政策往往会相互干扰，浪费政府资源。因此，讨论多种新能源汽车激励措施的相互作用并确定其综合效果是有价值的。本章详细讨论了在二元垄断和市场垄断背景下多个关键参数对新能源汽车采纳的影响。在考虑了企业的定价决策后，研究表明，现有的新能源汽车政策可能不仅不会相互促进，甚至可能相互抵消。特别是，补贴对新能源汽车采纳的影响可能是单调的正数［见图4.6（b）］。尽管环境意识对新能源汽车的采纳普遍具有积极影响，但它可能在一个关键点上改变企业的定价策略，导致新能源汽车的采纳突然下降［见图4.5（b）］。另外，补贴可以推迟这种现象的发生，因为补贴可以提高新能源汽车的销售利润，同时也可以激励市场的扩大。

4.4.2　财政政策优化

本章节将确定政府补贴的最佳参数。政府对低碳消费行为的鼓励和引导可以从需求方面有效地促进新能源汽车的采纳，而财政补贴则可以在供给方面帮助企业更灵活地进行生产和销售。根据前面几节的研究结果，如果不考虑财政预算的限制，理想的政府补贴应该是能够使企业把价格降到所有喜欢新能源汽车而不喜欢燃油汽车的消费者可以承受的最低水平。

然而，为政府补贴设定一个更现实的目标，通常对政策的制定和实施更有价值。作为代表低碳消费的产品，新能源汽车的市场份额具有很强的政府指导意义。因此本章节指出，政府的目标函数 R_g 是在财政预算范围 ψ 内最大限度地提高新能源汽车的销量。为了简单起见，此处只讨论二元垄断的情况，其他情况的计算方法类似，因此省略。政府的决策可以写成如下形式：

$$R_g = \max D(s, e, c, t, \theta_1)$$

$$\text{s. t. } C_s(s) \leqslant \psi \tag{4.19}$$

其中 $C_s = s \times D$ 是补贴的成本。在此基础上，通过数值算例提出了一种确定政府补贴的最佳算法。所有参数的取值与前几节相同，即 $c = 7.5$，$r = 8$，$e = 2$，$t = 2$，$\theta_c = 0.8$。图 4.12 直观地展示了政府补贴促进新能源汽车采纳的机制。从"利润 + 补贴"的函数可以看出，这个市场的最佳销售价格总是落在 $[c, r+e]$ 区间内。

因为 $e - (e+t)^2/4t = 0$，所以在这种情况下，只有两个决策函数跨越 $[c, r+e]$。具体来说，当售价在 $[c, r]$ 区间内下降时，补贴 s 下的利润是：

$$P_{si} = (p - c + s) \times \left(\theta_c \sqrt{\frac{(r-p)}{t}} + \theta_g \frac{(e+t)}{2t} \right) \tag{4.20}$$

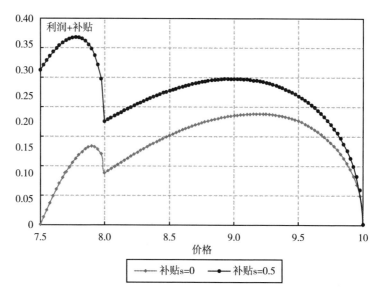

图4.12　政府补贴对车企最优销售价格的影响机制示意
注：参数设置：$c = 7.5$，$r = 8$，$e = 2$，$t = 2$，$\theta_c = 0.8$，$\theta_g = 0.2$。

同样，当销售价格在 $[r, r + e]$ 中下降时，市场需求为：

$$P_{sj} = (p - c + s) \times \theta_g \sqrt{\frac{(r + e - p)}{t}} \qquad (4.21)$$

根据命题 $4 - 3$，市场需求 $D(s)$ 随着补贴 s 的增加而单调地增加。因此，预算约束可以转化为 $s \leq \psi'$。随后推导出以下 s 的无差异点使得两个区间的利润相等：

$$\max_{p \in [r, r+e]} (p - c + s) \times \theta_g \sqrt{\frac{(r + e - p)}{t}}$$

$$= \max_{p \in [c, r]} (p - c + s) \times \left(\theta_c \sqrt{\frac{(r - p)}{t}} + \theta_g \frac{(e + t)}{2t} \right) \qquad (4.22)$$

由于利润和补贴函数在每个定价决策区间内都是连续的，存在一个点 $\hat{s} > 0$ 使得这两种定价策略对接受补贴的企业来说是无差别的。如果转换后的约束条件是 $\psi' \geq \hat{s}$，那么，最大限度地提高 P_{si} 的最佳销售价格将是 $p_i^* \in [c, r]$，而补贴下的相应市场需求将是 $\left(\theta_c \sqrt{\frac{(r - p_i^*)}{t}} + \theta_g \frac{(e + t)}{2t} \right)$。

反之，如果转换后的约束条件是 $\psi' < \hat{s}$，则最优售价将是 $p_j^* \in [r, r + e]$，

这将使 P_{sj} 最大，而补贴下的相应市场需求将是 $\theta_g \sqrt{\dfrac{(r + e - p_j^*)}{t}}$。

一般来说，补贴对新能源汽车采纳的影响在每个定价决策区间是连续的。因此，如果补贴能使企业将其最优策略从 $[r, r + e]$ 转换到 $[c, r]$，那么补贴就会变得更加有效。可能的话，政府至少应该将补贴水平设定为不低于 $\psi' \times D(\psi')$ 以达到促进新能源汽车采纳的相对显著的效果。考虑到"搭便车"的问题，政府应积极推动差异化的激励措施，如从补贴转向为汽车制造商设定配额，或衡量消费者的实际环境意识水平，如用机器学习工具分析多源异质的绿色行为数据（Mukherjee S. L.，2020；De Rubeng G. Z.，2019）等。否则，其他形式的财政或非财政政策，如促进基础设施建设，允许新能源汽车车主享受一些"特权"等，在相同的成本下可能更有效。

4.4.3　低碳政策间的协调策略

本章节讨论了研究的结果对政策实施策略的影响，包括重新评估政策实施的效果、优化和改进现有政策，以及协调政策实施的策略。

首先，对新能源汽车政策的研究结果可以阐明各种政策实际的执行效果。图 4.13 展示了不同政策组合下的新能源汽车的市场需求。

具体来说，在新能源汽车发展的早期阶段（即 c 较高，而 s 较低时），所有的新能源汽车采纳者都是绿色消费者，其对新能源汽车的偏好均高于燃油动力汽车。此时，政府可以通过各种非财政激励措施如便利支持和信息宣传，以及财政激励措施如补贴或减税，来促进低碳消费行为和环境意识，从而显著扩大市场。然而，虽然提高环境意识程度可以提高绿色消费者购买新能源汽车的效用，促进新能源汽车的采纳，但也会逐渐增加龙头企业提高价格的意愿。因此，结果表明，随着市场的发展，由于企业定价策略的调整，两种不同类型的政府政策在促进新能源

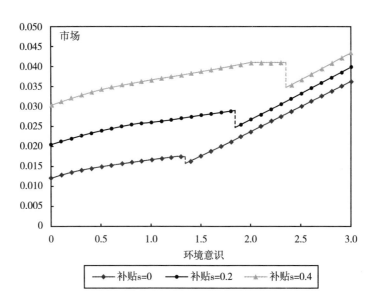

图 4.13　在不同的补贴水平下，新能源汽车市场需求量随环境意识的变化
注：参数设置：$c=7.5$，$r=8$，$e=2$，$t=2$，$\theta_c=0.8$，$\theta_g=0.2$。

汽车采纳方面可能会相互抵消。随着绿色消费者数量的增加和对环境问题的关注，非歧视性补贴的作用将被削弱，政府应该更加注意避免企业迅速提高价格。在这种情况下，无论是差别补贴还是社会责任的约束都是促进政策协调的有效途径。

其次，本章的研究结果可以为现有政策的改进提供理论依据。在实践中，中国、丹麦等许多领先国家的新能源汽车产业目前正进入快速发展和转型阶段，这对细分市场提出了更高的要求。本章的研究结果表明，在这个关键时期，对新能源汽车企业的环境责任进行适当的授权，可以有效地促进新能源汽车行业的健康稳定发展，也可以促进新能源汽车的采纳行为。因此，政府应尽快实施约束企业环境责任的政策，即只对符合标准（如在最低销售量、行驶里程、能源效率等方面）的新能源汽车企业提供财政补贴，并不断提高补贴门槛。本章研究进一步认为，政府应尽快减少宽泛的非歧视性补贴，同时加大对优势技术和企业的支持，鼓励差异化竞争。

最后，本章强调了政策协调的重要性，并提出了潜在的协调策略。本章提出的模型和计算结果可以为政府制定政策协调提供理论支持。在图 4.14 中，展示了不同政府目标下的市场需求的政策协调策略。可以看出，政策组合的效果存在一个"低谷"，这是政府制定政策时需要避免的情况。当补贴成本低于促进环境意识的成本时，最优的政策协调策略可能采取补贴的最大值；否则，最优策略可能不会采取环境意识的最大值。

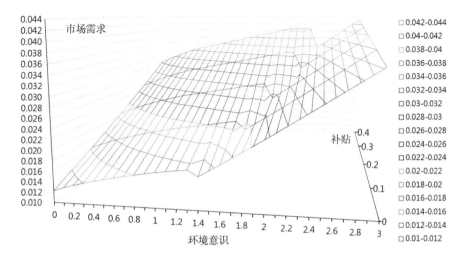

图 4.14　新能源汽车市场需求和政策协调策略

注：参数设置：$c = 7.5$，$r = 8$，$t = 2$，$\theta_c = 0.8$，$\theta_g = 0.2$。

政府可以衡量相关政策的成本，以促进消费者的环境意识，然后根据实际预算，分配适当的财政和非财政政策支出，以最大限度提高新能源汽车的采纳。特别是，中国的新能源汽车行业已经形成了以比亚迪、小鹏、特斯拉和蔚来为代表的二元垄断市场。这些汽车制造商在各自的细分市场上拥有更大的议价能力。因此，中国必须及时协调各种支持政策，确保新能源汽车行业的顺利转型和健康发展。本书的研究结果表明，中国政府应根据不同地区消费者对环境的关注程度，放慢或加快淘汰补贴的步伐。此外，应及时出台相关政策，提高补贴门槛，并对能源效率和行驶里程等技术指标进行规范，对补贴车辆的数量进行限制。此外，应鼓励"车电分离""电池互换"等新的商业模式，以及可靠性、智能网联等差异化的车辆特征，避免恶性价格竞争，及时筛选出优质企业。

4.5 本章小结

本章基于车企生产决策深入探讨了消费者环境意识及其他对新能源汽车采纳行为的影响，并探讨了政府政策制定和协调策略。本章的主要结果可以归纳为以下几点。

本章中的一个关键性变量是环境意识。环境污染问题的日益严重和各种信息的刺激造成了环境意识的出现，这使得少部分消费者愿意为新能源汽车的低碳排放支付溢价。本章从两个方面论证了新能源汽车企业面对异质消费者时的定价决策机制。具体来说，通常有两类定价策略。一种是低价策略，即设定较低的价格，使两种类型的消费者都有可能购买。另一种是高价策略，即把价格定得高于最高传统消费者的效用，完全放弃另一个市场。进一步的计算表明，环境意识对新能源汽车市场需求的影响存在不连续的情况。尽管如之前的文献所示，它单调地提高了新能源汽车的销售价格和企业利润，但在不同的环境意识程度下，定价决策也会有很大的不同。换句话说，环境意识的出现可能会使政府财政激励的目的从让更多人买得起新能源汽车转向限制企业过于灵活的定价行为。研究认为，在实践中，对"奉献"和"责任"的过度引导和鼓励可能会导致企业定价的提高，并最终在新能源汽车的采纳中获得完全相反的结果。此外，通过研究社会福利，发现环境意识对消费者剩余的影响曲线存在类似的不连续性，导致其对整体社会福利的影响呈现出非单调的递增趋势。

本章的另一个重要参数是补贴水平。补贴通常用来直接提供给企业以提高新能源汽车销售的利润率。作为最重要的财政激励政策之一，其对新能源汽车采纳的重大影响已被广泛认可。传统观点认为，更多的补贴更有利于降低新能源汽车的交易成本，从而有利于新能源汽车的普及。

然而，本章研究结果表明，当生产成本足够低时，这种影响就会消失，因为市场被完全覆盖，新能源汽车企业不会再调整其销售价格。本章还将补贴效率定义为单位补贴引起的市场需求的变化。同时，本书发现若存在一个补贴效率最高的补贴水平，这个水平可以促使企业从高价策略转向低价策略以获得更高的利润。与环境意识的影响相反，更多的补贴绝不会导致消费者剩余、企业利润或社会福利的下降。

　　基于上述研究，本书指出，政府对企业的补贴政策和对消费者的行为引导政策在影响新能源汽车的采纳方面不是相互促进的，甚至可能是相互抵消的。因此，政府必须平衡这些激励措施，以避免造成企业的环境不友好行为（多重激励反而使价格上升）。同时，尽管在大多数情况下，有补贴市场的需求高于无补贴市场的需求，但环境意识的增加会削弱有或无补贴两种新能源汽车采纳的差异，这或许是全世界范围开始逐步减少补贴的理由。第4.5.2节和第4.5.3节中的结果有助于通过分析优化补贴的强度和淘汰的速度使补贴更有针对性。此外，本章还提出了几个政策协调的建议。例如，应逐步提高补贴门槛，适度提高能源效率和行驶里程等技术指标，为补贴车辆的比例设置上限。应鼓励发展"车电分离""电池互换"等新的商业模式，以及可靠性、智能网联等差异化的车辆特征，避免恶性的价格竞争，尽快筛选出优质企业。

第
5
章

双积分政策下的新能源汽车企业
电动化择时决策研究

5.1 双积分实施现状概述

我国是目前世界上最大的能源消费国和碳排放国，其中交通部门的碳排放占全国总量的很大比例（Zhu Q.，Li X.，Li F.，et al.，2020；Su C-W.，Vmar M.，Khan Z.，2021）。在碳达峰和碳中和的背景下，交通部门是实施减排的重要对象之一。中国作为当今世界最大的电动汽车（EV）市场，持续推动电动汽车发展被认为是实现减排目标的潜在途径（Wang Z.，Zhang J.，Zhao H.，2020；Su C-W.，Yuan X.，Tao R.，et al.，2021）。在早期阶段，中国电动车市场的快速发展在很大程度上依赖于粗放且大量的财政补贴。然而，这同时也导致了补贴欺诈，关于持续的区域保护主义和补贴的不可持续性的争议等现象的发生，同时也暴露出缺乏市场导向的政策指导问题（Wang S.，Li J.，Zhao D.，2017，Xiao X.，Chen Z-R.，Nie P-Y.，2020）。

双积分政策的出台填补了这一政策的空白。2017 年 9 月，工业和信息化部牵头发布了《乘用车企业平均燃料消耗量和新能源汽车积分并行管理办法》［该政策规范了企业平均燃料消耗量（CAFC）积分和新能源汽车（NEV）积分的计算和交易方式，以下简称为DCP］。至此，中国已经为新能源汽车产业制定了一系列全面的支持政策。这包括政府针对研发（R&D）的补贴（Xiao X.，Chen Z-R.，Nie P-Y.，2020）、针对生产供应的双积分政策（Zhang H.，Guai G.，2020）、财政补贴、税收优惠、专门针对环保类消费者的宣传广告（He H.，Wang C.，Wang S.，et al.，2021；Krupa J.，Rizzo P. M.，Dppstein M. J.，et al.，2019）、绿色车牌、不受限制的购买及充电奖励（Sierzchula W.，Bakker S.，Waat K.，et al.，2014；Lin B.，Wu W.，2018），几乎涵盖了新能源汽车的整个生命周期。其中，双积分政策的影响最为深远。该政策旨在通过行政手段建立绿色积分交易体系，促进节能发动机和新能源汽车的协调发展，从而缓解能源和环境压力。这是取代以往的补贴政策，提高金融效率的一个重要创新。

然而，积分价格作为这种市场化创新机制的核心，在政策实施过程中呈现出以下特点。首先，过于宽松的积分核算标准导致供需严重失衡，造成交易价格偏低，无法保证传统汽车企业转型后通过积分交易带来的收益。其次，新修订的积分规则规定了每年收紧核算标准，预计积分价格将呈现快速上升趋势。最后，由于交易规模小、频率低，导致交易价格波动幅度较大。这些现象导致政府降低汽车行业燃油效率和引导汽车制造商电动化的初衷无法实现。政府应该如何完善双积分政策，已经成为一个亟待研究的理论和实践问题，这个问题的解决有助于明确双积分价格对汽车制造商转型决策的影响。

尽管双积分政策只实施了三年左右，年度核算也只完成了两次，但一些相关研究已经深入探讨了其对汽车制造商决策的影响。大多数研究利用博弈论和混合整数线性规划（MILP）方法研究了汽车制造商的最佳生产决策，得出结论：双积分政策对促进传统燃油汽车及电动汽车制造商的生产决策有积极作用（Qu S.，Lin Z.，QI L.，et al.，2018）。此外，少数研究考虑了汽车制造商同时生产电动汽车和燃油汽车的情况，并从理论上确定了传统汽车制造商在转型后的最佳生产决策（Li J.，Ku Y.，Yu Y.，et al.，2020；Yu Y.，Zhao D.，Zha D.，et al.，2021）。与之不同的是本书的重点是最佳电动化转型投资时间。从企业的角度看，电动化所涉及的投资成本和收益与时机密切相关，决定一个合适的时机将促进汽车制造商的经济效益最大化。从政府的角度看，电动汽车已经被广泛证明对减排有重大影响，汽车行业的大规模电动化是减少温室气体的关键（JoGer Waldau A.，Kougias I.，Taylor N.，et al.，2020）。同时，促进电动化将使汽车制造商付出更多努力来支持低碳技术的开发和推广，这可以进一步减少碳排放（Bergek A.，Berggren C.，Groupk R.，2014）。因此，研究双积分政策下的电动化转型决策时机对于了解如何加速电动化和实现交通部门的可持续低碳发展是十分必要的。

关于影响车企电动化转型的影响因素，各种研究都有涉及，包括电池和新能源汽车技术的快速发展（Jullien B.，Pardi T.，2013），市场接受度和潜在需求（Wittmann J.，2017），以及政策因素（Carpenter T.，Curtis A. R.，Keskav S.，2014）。显然，决策者如何估计新能源汽车技术的学习率、市场需求和政策，会影响电动化对他的吸引力，从而影响汽车制造商对新能源汽车技术的投资时间。这种投资时机应确保转型为电动车生产和积分交易带来良好的预期利润优势。同时，投资成本会随着技术成熟度的提高而降低，并为等待投资提供一个良好的价值。因此，考虑上面提到的所有关键参数，本章的主要目标是确定车企投资电动化的最佳时间，以使企业的利润流的总净现值（NPV）最大化。此外，避免收入和成本之间的比较优势无限增长的一个关键是，从净现值的角度评估总利润。本书的研究旨在在追求足够的收入和避免盲目投资带来的过度成本之间提供最佳平衡。

为了分析汽车制造商在随机积分价格和投资成本下降情况下的电动化决策，本章采用了几何布朗运动（GBM）来刻画积分价格变化，并为未来利润流的净现值之和建立了一个数学模型。在存在双积分政策的情况下，汽车制造商必须估计积分交易中涉及的额外利润流。汽车制造商每时每刻都在等待和投资之间做出选择，并根据利润最大化来决定最佳时机。具有成本效益的决策边界是通过动态规划（DP）方法分析确定的。在决策边界与积分价格的预期变化曲线相匹配后，可以明确得出汽车制造商的最佳电动化时机。随后，利用中国市场的实际数据进行模拟，以验证市场或政策参数对汽车制造商电动化的影响。此外，还注意到，尽管本书只提到了双积分政策的情况，但研究的结果也适用于其他市场导向类政策，即参与者通过积分交易获得额外的收益或支付相应的费用。

本章的关键发现有，首先，积分价格的波动会导致汽车制造商推迟电动化转型，但同时会提高政府研发补贴的效率。因此，政府需要在确保车企快速电动化以减少碳排放和提高研发补贴的效率之间取得最佳平衡。其次，政府应更加关注稳定积分价格，而不是提高积分价格，因为最佳转型时间对前者更加敏感。再次，由于转型后企业生产规模和结构的不同，新修订的积分规则不会对所有汽车制造商的电动化都产生积极影响。政府不应坚持一刀切的政策，而应根据长期或短期目标提出不同的激励措施。最后，在促进汽车制造商的快速投资和政府研发补贴的效率方面，CAFC-积分规则比NEV-积分规则的作用更强。有趣的是，在大多数情况下，对于那些不打算在转型后满足NEV-积分规则的汽车制造商来说，研发效率的提高对他们电动化进程的促进作用并不总是有效的。这是因为高研发效率对满足政策成本的补偿作用小于等待的作用。然而，这个结论在当研发效率提高到一个足够高的水平时也会失效，也就是说当研发效率提高到一定程度时最终还是会促使这类企业转型。

本章的其余部分组织如下。第5.2节简要地回顾了相关文献。第5.3节提出问题，建立数学模型，并提出解决方案。第5.4节介绍基于实际数据的模拟和参数的敏感性分析，用以讨论管理方面的见解。第5.5节考虑了政府的目标，以推导出政策含义。第5.6节总结本书的主要结论和局限性。

5.2　双积分政策下新能源车企决策的影响因素

与本书主题密切相关的文献主要包括两个方向：关于双积分政策下车企的决策研究和影响汽车制造商电动化因素的研究。本章节将对这些研究进行详细回顾。

5.2.1　双积分政策

第一类文献主要是关于双积分政策下车企的决策研究。这些决策又可以进一步分为两大类：生产决策和研发决策。首先，在生产决策方面，许多学者建立了各种博弈论模型来研究车企的决策，他们通过考虑固定转型成本、销售利润和积分交易收入来刻画汽车制造商的利润。接着基于利润最大化原则，为汽车制造商制定了一个最佳的生产策略（Yang D-X.，Qiu L-S.，Yan J–J.，et al.，2019 & Zhang H.，CAI G.，2020）。除了使用博弈论建模方法，楼、马等（Lou，Ma，et al.，2020）和李等（Li et al.，2020）分别通过建立非线性规划（NLP）和混合整数线性规划（MILP）模型的方式来探索汽车制造商的最优生产策略。前者专注车企在优化燃油汽车的燃油经济性水平的基础上如何制定新能源汽车的生产策略，后者关注车企如何协调燃油汽车和新能源汽车的混合生产策略问题。此外，基于情景分析的方法，王等（Wang et al.，2018）还探讨了汽车制造商的合作生产策略。然而，这些研究在影响结论上并没有达成共识。例如，一方面，程和樊（Cheng and Fan，2021），以及李等（Li et al.，2020）认为只有当积分价格高于一定阈值时，优先生产新能源汽车才是最优策略。另一方面，马等（Ma et al.，2021）却认为，只有当积分价格足够低时，双积分政策才会刺激汽车制造商更多地投资于电动汽车的生产。因此，本书在考虑积分价格波动的基础上进一步的验证双积分政策对于车企决策的影响，为现有的理论做补充。其次，在研发策略方面，大多数研究通过建立数学模型来探讨双积分政策对汽车制造商研发决策的影响。例如，周等（Zhou et al.，2012）和王等（Wang et al.，2020）都探究了双积分政策对于车企绿色技术投资（GTI）的影响。前者基于不同的市场环境进行，即供应链中只存在传统产品、既有传统产品又有绿色产品、只有绿色产品三种市场环境。后者对不同的技术进行了区分，分为燃油汽车的燃油效率技术和电动汽车的制造技术。此外，赵等（Zhao et al.，2019）开发了一个自下而上的框架来评估双积分政策对电动汽车电池技术趋势的影响。除了建模的方法，还有少部分的一些学者采用案例研究和实证分析的方法进行了类似研究（Li Z.，Liu Y.，2018；Peng H-G，Shen K-W.，He S-S.，et al.，2019）。

综上所述，现有关于双积分政策下车企的决策研究是通过案例研究、实证分析和建模研究等方法，对汽车制造商的生产和研发决策进行了全面的探究。然而，很少有研究探讨电动化转型时机问题，这也是当前传统汽车制造商面临的一个紧迫问题（Nishihara M.，2010）。传统汽车制造商的电动化时机不但是影响企业未来利润净现值的一个重要因素（Gur K.，Chatzikyriakou D.，Baschet C.，et al.，2018），而且它也直接影响到一些政府目标的实现，如电动汽车市场渗透率和汽车燃油经济性（Zhang X，Liang Y，Yu E，et al.，2017；Bhardwaj C.，Axsen J.，Mccollum D.，2021）。另外，关于投资成本，大多数文献将这一数值设定为恒定值。本书用几何布朗运动将积分价格刻画为一个随机变量，并明确考虑了随着技术的成熟，投资成本下降的情况。在此基础上，本书从净现值的角度为传统汽车制造商的电动化建立了一个投资决策模型，并使用动态规划求解，以获得最佳投资时间，其结果可以弥补目前文献中的研究空白。

5.2.2　汽车制造商电动化的影响因素

第二类文献是关于影响汽车制造商电动化的因素研究。这些因素可以分为两类：内部因素和外部因素。内部因素主要包括企业规模和企业创新能力等因素。关于企业自身规模的影响，罗西尼（Rossini et al.，2016）探讨了不同规模的汽车制造商的投资决策，结果表明，小型汽车制造商比大型汽车制造商更容易投资于电动汽车。同样，欧等（Ou et al.，2019）也得出结论，在燃油汽车领域占主导地位的汽车制造商并不是电动车领域的主力军。关于企业创新能力的影响，研发效率是刻画企业创新能力的常用指标（Ba S.，Lisic L. L.，Liu Q.，et al.，2013）。吴等（Wu et al.，2021）和伯恩赛克（Bohnsack，2018）考虑了研发效率的影响，发现它在刺激转型方面发挥了重要作用。此外，品牌效益和企业文化等因素也被做了探讨。外部因素相对比较复杂包括市场价格、技术发展、政策环境等。任（Ren，2018）利用解释性结构模型研究了技术成熟度、技术标准和研发资金对传统汽车制造商电动化决策的影响，认为它们是促进新能源汽车产业可持续发展的三个最重要因素。佩雷里尼亚等（Pereirinha et al.，2018）通过定性研究发现，电池技术成熟导致的投资成本降低对汽车制造商的转型有积极影响。此外，许多研究都探究了电动汽车市场价格和结构的变化对汽车制造商的盈利能力和转型决策的影响。例如，基于实证分析，刘等（Liu et al.，2017）探讨了电动汽车的市场价格如何影响汽车制造商的电气化。斯珀林（Sperling，2018）和古尔纳尼、埃尔科奇和罗（Gurnani，Erkoc and Luo，2007）通过案例研究进一步调查了价格和市场规模的影响。除了这些因素之外，政策参数也是重要的外部影响因素。张和蔡（Zhang and Cai，2020）引入博弈模型，分析了政府研发补贴对汽车制造商电动化的影响。王和苗（Wang and Miao，2021），以及巴德瓦杰、阿克森和麦科勒姆（Bhardwaj，Axsen and McCollum，2021）分别探讨了汽车制造商对加州零排放汽车（ZEV）和美国燃油经济性政策的反应。李等（Li et al., 2019）研究了碳税将如何引导传统汽车制造商转向电动汽车生产。同时，学者们也达成共识认为政策干预可以加速汽车制造商的转型。

综上所述，汽车制造商的电动化决策受到诸多因素的影响。现有的文献主要集中在两个因素上：内在的和外在的。这些因素为本书提供了坚实的理论基础，许多参数被纳入研究模型中。然而，大多数研究都考察了这些因素对汽车制造商的电动化生产和研发战略的影响，而本书的研究侧重于转型时间。此外，本书在研究分析中加入了一些独特的因素，如投资成本的递减率和积分价格的变化，以进一步丰富该领域的研究成果。

5.3　新能源汽车企业电动化决策最优化模型构建

5.3.1　模型假设

双积分政策于2017年9月在中国发布，并在2018年实施。该政策是政府减少对化石燃料使用的依赖和净化天空运动的重要组成部分，并将很快成为新能源汽车增长的主要动力之一（工信部，2017）。它包括两个平行部分：NEV-积分规则和CAFC-积分规则。NEV-积分规则集中在生产量上，汽车制造商需要产生足够的新能源汽车来满足特定的限制。然而，CAFC信用规则为汽车制造商设定了平均燃料消耗目标，并帮助车辆的减排。汽车制造商可以通过生产电动汽车和插电式混合动力汽车获得正积分，相反地，车企也会因为不能满足这两项规则而产生负积分。因此，这项政策建立了一个积分交易系统，在这个系统中，核算后未能产生正积分的汽车制造商必须从其他拥有额外正积分的车企那里购买积分。考虑到积分价格的变化和动态投资成本，本书致力于分析传统汽车制造商进行电动化转型投资的最佳时机。为了达到这个目的，本书将电动化投资方案的净现值最大化，也就是汽车制造商决策的目标函数。

本书做了一系列的模型假设。第一，假设电动化转型过程是不可逆的，在汽车制造商做出投资决定后立即完成。因此，在这个过程中没有收入损失。第二，电动化的投资成本是一次性支付的，与研发强度正相关。同时，汽车制造的生产策略在投资后是确定不变的。第三，假设汽车制造商的寿命是无限的；因此，该决定不会过期。另外，与海达里、奥文登和西迪基（Heydari, Ovenden and Siddiqui, 2012）一致，假设漂移率低于利息资本，以便净现值积分收敛。第四，本章节认为信贷价格是随机变化的，其漂移率和波动率是外生的常数。第五，本章节不区分生产和销售；假设产能利用率为100%，销售的单位利润与产量呈负相关关系。

5.3.2　积分价格刻画

与欧盟排放交易体系中的碳配额类似，NEV 积分的价格也是由积分交易体系中的供需关系决定的。平迪克（Pindyck, 1999）表明，尽管价格在长期内倾向于以较低的速率进行均值回复，但仍能很好地通过 GBM 进行近似。阿巴迪和查英罗（Abadie and Chamorro, 2008），海达里、奥文登和西迪基（Heydari, Ovenden and Siddiqui, 2012），以及瓦拉、欧苏利万、李和迪瓦思（Walsh, O'Sullivan, Lee and Devine, 2014）将欧盟排放交易价格建模为几何布朗运动。因此，本小节将积分价格 X（t）作为一个外生变量，并以几何布朗运动的形式描述其变化性，具体如下：

$$dX = \mu X dt + \sigma X dz \tag{5.1}$$

其中 μ 是恒定漂移率，σ 是恒定波动率，z 是维纳过程。此外，根据朱等（Zhu et al., 2019），我们假设企业投资与总投资成本的比率为 Δ 并且 $1-\Delta$ 是政府投资的比例。因此，政府补贴后，汽车制造商实际投资花费

为 $\Delta \cdot I$. 具体的，本书中使用的所有参数的定义如表5.1所示。

表5.1　模型参数定义

参数	定义	参数	
X	积分价格	p_i	一个 CFV 的销售价格（$i=0$）或 EV（$i=1$）
μ	积分价格漂移率	c_i	一个 CFV 的生产成本（$i=0$）或电动车（$i=1$）
σ	积分价格的波动	q	电动化前的年总销售额
P	汽车制造商的总利润	q_1	电动化后的年总销售额
F_0	电动化前的汽车制造商的利润流	L	研发效率的倒数
F_1	电动化后的汽车制造商的利润流	θ	电动化后的 CFV 生产比率
I	电动车技术的投资成本	λ	电动汽车积分的比率约束
T	电动化投资时间	δ	每生产一个 CFV 所获得的 CAFC 平均负积分
I_0	电动车技术的初始投资成本	Δ	政府补贴后汽车制造商花费的实际支付比例
v	电动车技术的研发强度	c_v	每生产一辆电动车获得的 NEV 积分
k	投资成本的下降率	r	贴现率

5.3.3　决策目标

当积分价格的变化呈现几何布朗运动时，可以得到以下目标函数：

$$P(X) = \int_0^T F_0(X(t))e^{-rt}dt + \int_T^\infty F_1(X(t))e^{-rt}dt - \Delta I(T)e^{-rT} \quad (5.2)$$

其中 F_0 和 F_1 是汽车制造商在转型前和转型后区间 dt 里的利润流。T 是投资时间和 r 是资本利率。e^{-rt} 是净现值的计算公式，它有助于估计每期未来现金流的现值。首先，$\Delta I(T)e^{-rT}$ 是汽车制造商在做出投资决定后的实际支付金额。其次，确定汽车制造商在转型前后的利润流。根据张和蔡（Zhang and Cai，2020），可以将企业的利润函数分为两部分。一部分是生产和销售期间的利润，另一部分是积分交易产生的额外收益或成本。

由于汽车制造商在转型前只生产和销售燃油汽车，因此其销售利润为 $(p_0 - c_0)$ q。为满足双积分规则而购买积分的成本可以表示为 $(\lambda + \delta)$ Xq。因此，电动化前企业的净现金流为：

$$F_0 = (p_0 - c_0)q - (\lambda + \delta)Xq \tag{5.3}$$

如果汽车制造商选择电动化，其年产量应该是 $q_1 = (1 + v/L)q$。在衡量汽车制造商销售的每辆汽车的净利润时，本书认为 CFV 和 EV 都满足经典的供需关系。换句话说，每辆车的销售利润与生产量呈负相关，那么，CFV 销售的利润为 $(2 - \theta)/(1 + v/L)(p_0 - c_0)q_1\theta$。同样，在电动化之后，电动汽车的单位利润也会增加，则汽车制造商生产和销售电动汽车的利润为：$[2 - (1 - \theta)]/(1 + v/L)(1 + v/L)(p_1 - c_1)q_1(1 - \theta)$。由于对 NEV 生产比例的达标值的测算是十分复杂的，为了简单起见，本章只考虑生产线分配和 NEV 积分规则之间的差异。因此，在积分交易中产生的净利润为：

$$c_v Xq_1(1 - \theta) - \delta Xq_1\theta - \max[0, (\lambda\theta - 1 + \theta)Xq_1] \tag{5.4}$$

此外，电动化后车企的净现金流为：

$$F_1 = \frac{2 - \theta}{1 + \frac{v}{L}}(p_0 - c_0)q_1\theta + \frac{2 - (1 - \theta)}{1 + \frac{v}{L}}\left(1 + \frac{v}{L}\right)(p_1 - c_1)q_1(1 - \theta)$$

$$+ c_v Xq_1(1 - \theta) - \delta Xq_1\theta - \max[0, (\lambda\theta - 1 + \theta)Xq_1] \tag{5.5}$$

简化上述公式，可以得到两种不同类型的汽车制造商在电动化之后的净现金流函数：

$$F_1 = \begin{cases} (2\theta - \theta^2)(p_0 - c_0)q + (p_1 - c_1)q_1 - [\delta\theta - c_v(1 - \theta)]Xq_1, \lambda < \dfrac{1 - \theta}{\theta} \\ (2\theta - \theta^2)(p_0 - c_0)q + (1 - \theta^2)(p_1 - c_1)q_1 - [\delta\theta + \lambda\theta - 1 + \theta - c_v(1 - \theta)]Xq_1, \lambda \geqslant \dfrac{1 - \theta}{\theta} \end{cases}$$

$$\tag{5.6}$$

其中，$\lambda < \dfrac{1 - \theta}{\theta}$ 表示计划在电动化后满足 NEV-积分规则的汽车制造商，

以及 $\lambda \geqslant \dfrac{1 - \theta}{\theta}$ 表示那些不打算在电动化后满足 NEV-积分规则的汽车制

造商。

5.3.4 模型推导与结果分析

直观地说，由于随机变量 X 的影响，最佳电动化时间 T^* 可能无法通过直接推导决策函数而求得。相反，根据麦当劳和西格尔（McDonald and Siegel，1986），迪克西和平迪克（Dixit and Pindyck，1994），以及平迪克（Pindyck，2002）的研究，本书试图将这个关于时间的一步决策转化为一个多阶段的决策问题，这样就可以通过动态规划有效解决。具体来说，可以将贝尔曼方程应用于电动化投资前后，以确定自由边界价格 X^*，超过这个价格就是最佳投资。投资决策在每个时期都是相同的，只是状态变量P(X)和I(T)的改变。一般的贝尔曼方程如下：

$$rP(X) = \hat{F}(X) + \frac{d[P(X)]}{dt} \tag{5.7}$$

其中 $\hat{F}(X)$ 表示车企在电动化前后 dt 时间内的利润函数，d[P(X)]是决策转换下的预期收益。因为投资成本 I(T) 是随时间变换的，因此不能简单地从积分中得出贝尔曼方程。然而，下面这一项可以在积分中得到：

$$-I(T)e^{-rT} = \int_T^\infty \frac{d}{dt}(I(t)e^{-rT})dt = \int_T^\infty (I' - rI)e^{-rt}dt \tag{5.8}$$

因此，打算投资电动化的汽车制造商的目标函数可以表示为：

$$P(X) = \int_0^T F_0[X(t)]e^{-rt}dt + \int_T^\infty \{F_1[X(t)] + \Delta I'(t) - \Delta rI(t)\}e^{-rt}dt \tag{5.9}$$

为了避免在积分中明确引入日历时间，并将目标函数简化为关于 X 和 I 的函数［即：T = T(X,I)］，定义：

$$\frac{d}{dt}I = I'(t) = -kI \tag{5.10}$$

其中 k > 0 决定了投资成本的递减率。因此，将利润函数代入贝尔曼方程，根据伊藤定理，可以得到：

$$r\,P_0(X) = (p_0 - c_0)q - (\lambda + \delta)Xq + \mu X\frac{\partial P}{\partial X} + \frac{\sigma^2 X^2}{2}\frac{\partial^2 P}{\partial X^2} \qquad (5.11)$$

解这个偏微分方程，则有：

$$P_0(X) = A_1 X^m + A_2 X^{m'} + \frac{(p_0 - c_0)q}{r} - \frac{(\lambda + \delta)qX}{r - \mu} \qquad (5.12)$$

其中 m 和 m′ 表示的是 $\hat{m}(\hat{m} - 1)\frac{\sigma^2}{2} + \mu\,\hat{m} - r = 0$ 的根。同样地，在投资最优的区域，得到：

$$r\,P_1(X) = \alpha - \beta X - \Delta(k + r)I(t) + \mu X\frac{\partial P}{\partial X} + \frac{\sigma^2 X^2}{2}\frac{\partial^2 P}{\partial X^2} \qquad (5.13)$$

这个方程的解是：

$$P_1(X) = B_1 X^m + B_2 X^{m'} + \frac{\alpha - \Delta k I(t)}{r} - \frac{\beta X}{r - \mu} - \Delta I(t) \qquad (5.14)$$

其中：

$$\alpha = (2\theta - \theta^2)(p_0 - c_0)q + (1 - \theta^2)(p_1 - c_1)q_1$$

$$\beta = \begin{cases} [\delta\theta - c_v(1 - \theta)]q_1, & \lambda < \dfrac{1 - \theta}{\theta} \\[2mm] [\delta\theta + \lambda\theta - 1 + \theta - c_v(1 - \theta)]q_1, & \lambda \geqslant \dfrac{1 - \theta}{\theta} \end{cases} \qquad (5.15)$$

此外，自由边界上的值匹配的条件是：

$$P_0(X^*) = P_1(X^*)$$

$$\frac{\partial P_0}{\partial X}(X^*) = \frac{\partial P_1}{\partial X}(X^*) \qquad (5.16)$$

根据迪克西和平迪克（Dixit and Pindyck, 1994），如果 P_0 和 P_1 持续匹配，并在自由边界处相互影响 X^* 的情况下，投资低于或高于自由边界都不是最佳选择。因此，得到如下等式：

$$X^*(t) = \frac{(p_0 - c_0)q - \alpha + \Delta r I(t) - \Delta I'(t)}{(m - 1)r}\frac{m(r - \mu)}{(\lambda + \delta)q - \beta}$$

$$= \begin{cases} \dfrac{m(r - \mu)\{(\theta - 1)[(\theta - 1)(p_0 - c_0)q - (\theta + 1)(p_1 - c_1)q_1] + \Delta r I(t) - \Delta I'(t)\}}{(m - 1)r\{(\lambda + \delta)q - [\theta(\delta + c_v) - c_v]q_1\}}, & \lambda < \dfrac{1 - \theta}{\theta} \\[4mm] \dfrac{m(r - \mu)\{(\theta - 1)[(\theta - 1)(p_0 - c_0)q + (\theta + 1)(p_1 - c_1)q_1] + \Delta r I(t) - \Delta I'(t)\}}{(m - 1)r\{(\lambda + \delta)q - [\theta(\lambda + \delta + c_v + 1) - c_v - 1]q_1\}}, & \lambda \geqslant \dfrac{1 - \theta}{\theta} \end{cases}$$

$$(5.17)$$

最后，本书得到一个基于积分价格的明确的决策阈值，它是一个关于时间的函数。换句话说，当 $X(t) > X^*(t)$ 时，汽车制造商对电动化的投资是最理想的。否则，车企推迟投资继续等待才更有价值。因此，本书将最佳电动化时间定义为

$$T^* := \inf\{t \geq 0 : X(t) \geq X^*(t)\} \tag{5.18}$$

其中 inf 代表下限或最大下限。

5.4　新能源汽车企业电动化择时决策模型应用实例

在本章中，通过数值分析，解决了汽车制造商的最佳电动化决策问题，并进一步探讨了影响转型时间的关键成功因素。根据实际的市场数据和相关文献，本章对汽车制造商的类型进行了分类，并确定了参数取值，为模型数值模拟提供了依据。

5.4.1　算例场景

根据式（5.6）的规则，即汽车制造商在电动化后是否符合 NEV-积分规则。传统汽车制造商被分为两类，第一类是在电动技术方面具有特定先发优势的汽车制造商，以比亚迪和吉利等本土品牌为代表，以下表示为 A 类汽车制造商。这类汽车制造商将更容易在电动化转型后提高电动汽车的生产比例，以满足 NEV-积分规则。第二类是指那些在电动车方面不具备先发优势，但在燃油汽车市场占据主导地位的汽车制造商，以宝马和奔驰等合资企业为代表。在电动化之后，这些汽车制造商仍然会专注于生产燃油汽车，因为市场需求带来了巨大的利润；但是，他们需要花费一些成本来购买正的 NEV 积分，以满足政策要求，这称之为 B 型汽车制造商。

根据比亚迪的官方年度财务报告和吉利汽车集团的"蓝色吉利行动"

计划，2018～2020年，比亚迪的 NEV 销量保持在其总销量的40%～50%，而吉利的纯电动汽车比例预计到2020年将达到35%。正如他们在发展计划中提到的，宝马和奔驰预计到2025年将达到15%～25%的 NEV 销量（CIIN，2018）。因此，A 型和 B 型汽车制造商在电动化转型后生产的 CFV 的比例分别设定为60%和90%（即：$\theta_A = 0.6$ 和 $\theta_B = 0.9$）。值得注意的是，许多传统的汽车制造商，如大众、奔驰、宝马和福特，已经提前多年部署了其电动汽车生产战略（Lou G., Ma H., Fan T., e al., 2020）。因此，有理由认为电动车的生产比例（$1 - \theta$）是一个企业预先确定的外生变量。

另外，根据工信部（2020）的统计数据，2019年中国58家汽车生产企业（包括自主品牌和合资品牌）的年均产量约为119540辆。为了方便起见，假设 A 型和 B 型汽车制造商的年产量都是12万辆，每辆的净利润（$pc_0 = p_0 - c_0$）是2000美元。考虑到目前市场对电动汽车的接受程度还比较低，本书把每辆电动汽车的净利润（$pc_1 = p_1 - c_1$）设定为1500美元。此外，为了说明问题，假设电动车技术的初始投资成本为 I_0 是 $\$1.0 \times 10^7$。由于技术成熟会导致投资成本的降低，而成本降低的速度可以通过技术学习率来反映，因此，电动汽车技术投资成本的下降率被设定为每年8%（Mcdonald A., Schrattenholzer L., 2002；Jamasb T., Kohler J., 2007）。综上，在给定的投资强度下，汽车制造商的电动化投资成本为 $I(T) = v^2 I_0 e^{-kT} = \$9 \times 10^8 \times e^{-0.08T}$。此外，根据朱等（Zhu et al., 2019）的研究，本书将企业投资与政府投资的比例设为8:2。因此，在政府补贴后，汽车制造商实际花费的支付比例为 $\Delta = 0.8$。

关于政策相关的参数值，根据新版双积分政策（工信部，2020），本书首先假设 NEV 积分比率约束为 $\lambda = 0.18$。其次，何等（He et al., 2021）的结论得出，每单位 CFV 生产产生的平均负积分被定义为2（即：$\delta = 2$）。根据目前 NEV 积分的市场价格，假设初始信贷价格 X_0 为500美元，再根据特斯拉2013～2017年的积分交易收入数据，估计每年增长15%。此外，为了反映信贷价格的随机变化，遵循瓦拉、欧苏利万、李和迪瓦恩（Walsh，O'Sullivan，Lee and Devine，2014）的取值，假设价格波动性 $\sigma = 0.5$。同时，根据张和蔡（Zhang and Cai，2020）的取值，将 C_v 设定为 3。此外，资本成本 r 被定义为 0.2，假设 $\mu < r$。具体的参数估计列于表 5.2。最后需要说明的是，为了简洁起见，模型中的货币参数值都是以 10000 美元为单位。

表 5.2   参数取值

参数	取值	参数	取值
r	0.2	I_0	10000
μ	0.15	X_0	0.05
λ	0.18	pc_0	0.2
δ	2	pc_1	0.15
θ	A 型：0.6	c_v	3
	B 型：0.9	q	120000
σ	0.5	v	3
k	0.08	L	10
Δ	0.8		

5.4.2 基准情况分析

接下来，本书确定在基准情境下的车企最佳电动化转型投资时间。在随机定价的情况下，最佳转型时间取决于 GBM 的样本形式。根据瓦拉、欧苏利万、李和迪恩（Walsh，O'Sullivan，Lee and Devine，2014），以及何等（He et al.，2021）的结论，认为积分价格的预期值 $E(X) = X_0 e^{\mu t}$ 是作为 GBM 的样本（即图 5.1 中的黑色实心曲线）。基于式（5.17），进一步计算两类汽车制造商的临界阈值（即立刻投资的收益等于推迟投资的收益的时刻，并描绘其时间变化曲线（即图 5.1 中的虚线和点线）。此外，根据 T^*（即式（5.18）），很明显，预期积分价格 E(X) 和临界边界曲线 X* 的交点是汽车制造商的净现值积分的最大值和相应的最佳投资时间，数值结果显示如图 5.1 所示。

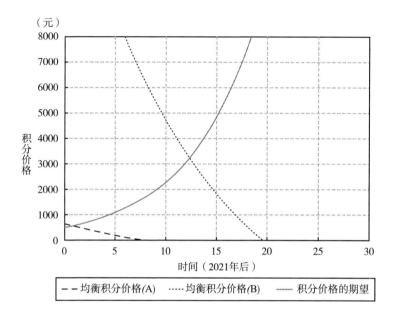

图 5.1　基准情况下的最佳电动化转型时间

图 5.1 说明了 A 型和 B 型汽车制造商在最佳电动化转型时间上具有显著差异，这表明其电动化后的生产策略对传统汽车制造商的投资决策有很大影响。具体来说，在双积分政策背景下，两类汽车制造商的最优决策分别是在 2021 年之后的 1 年和 13 年进行电动化投资，也就是说，与 A 类汽车制造商相比，B 类汽车制造商的转型时间有所推迟。这主要是因为 B 型汽车制造商仍然需要支付一定的成本从其他汽车制造商那里购买正积分以满足政策的要求，以及还要承担巨大的投资成本；因此，对于 B 型汽车制造商来说，维持现有状态并推迟电动化，等待投资成本的下降以实现企业利润最大化是最理想的状态。本书的研究结果与现实相符。例如，通过比较吉利和福特在 NEV 方面的官方发展计划，可以发现前者在中国的电动化进程要比后者快。

此外，图 5.1 还显示，两类汽车制造商的临界阈值曲线最终与横轴相交，表明在双积分政策背景下车企的电动化是不可避免的，这与何等（He et al.，2021a）的结果一致。从图5.1中可以看出A类车企的曲线在5～10年与x轴相交，B类车企在15～20年与x轴相交，说明无论实际的市场积分价格如何变化，这两种类型的电动化必然会在未来20年内完成。

5.4.3　影响决策的有关参数的敏感性分析

本章节深入探讨了几个关键参数对汽车制造商最佳决策的影响机制，这些参数可以分为三组：企业参数、市场参数和政策参数。

1. 企业相关参数的敏感性分析

（1）生产规模和结构。

本书运用平均年产量q来描述汽车制造商的生产规模，而电动化后的CFV生产比例θ，反映了企业的生产结构。此外，由于模型假设的原因，θ在一个有限的范围内变化。对于A型汽车制造商，$\theta \in [0, 0.85)$表明电动化后其CFV产量的最大比例不能超过85%。同样地，$\theta \in [0.85, 1]$对应于B类型，这意味着转型后电动汽车产量不能超过总产量的15%。图5.2显示了这两个参数的数值模拟结果：最佳电动化时间随着汽车制造商生产规模的扩大和转型后电动车生产比例的提高而提前，这适用于两类汽车制造商。一方面，生产规模的扩大增加了CFV的生产成本，因此，车企最好能尽快转型。另一方面，汽车制造商在电动化后可以通过生产更多的电动汽车来获得更高的积分收益，因此他们选择加速电动化。从图5.2（b）中可以看出，与A型相比，B型企业的最佳投资时间显示出对生产结构变化的高度敏感性。这主要是由于B型企业在转型时期的积分价格高于A型企业的价格。

基于上述分析，本书得出结论，双积分政策对具有不同生产规模和结构的汽车制造商的影响是不同的。政策制定者应该考虑这些差异，并

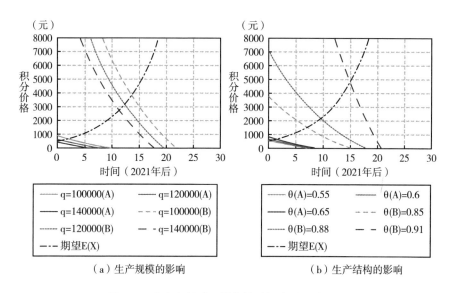

（a）生产规模的影响　　　　（b）生产结构的影响

图5.2　生产参数对于最佳转型投资时机的影响

采取有针对性的政策措施。例如，他们可以鼓励生产规模小的汽车制造商之间进行合作，以提高其生产能力。此外，一些非财政政策可以用来促进消费者采用电动汽车，如提供专用停车位，取消对车主的偶数和奇数车牌的限制，以刺激汽车制造商制定更积极的电动汽车生产战略。

（2）研发效率。

把1/L命名为研发效率，也就是说，在相同的研发投资强度情况下，研发投资强度越大，研发投资后汽车制造商的生产规模和电动汽车单位利润的增长就越小。

如图5.3所示，提高研发效率并不总是能加快汽车制造商的电动化进程，这是一个反常的现象。一般来说，较高的研发效率（较低的L）将提高汽车制造商因生产规模和电动车单位利润的增加而产生的利润；因此，汽车制造商应该有强烈的动机投资于电动化（Wu Y. A.，Ng A. W.，Yu Z.，et al，2021；Bohnsack R.，2018）。然而，本书的结果表明，对于B型汽车制造商来说，研发效率的提高反而导致了转型的延迟，这可以用B型汽车制造商的属性来解释。具体来说，B型车企的积

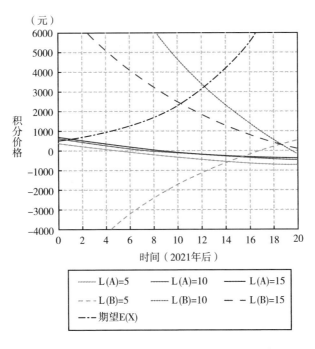

（元）

积分价格

时间（2021年后）

—— L(A)=5 —— L(A)=10 —— L(A)=15
--- L(B)=5 --- L(B)=10 — L(B)=15
-·- 期望E(X)

图5.3 研发效率倒数 L 对于最佳转向时间的影响

分在转型后受到 NEV–积分规则的限制。高研发效率对满足政策的成本的补偿作用小于等待的作用。因此，汽车制造商 B 做出了一个非常规的决定，即推迟转型。有趣的是，当研发效率提高到一个足够高的水平时，它促使 B 型汽车制造商立即进行电动化（如图5.3中 L（B）=5 的情境）。上述结论为汽车制造商根据其技术发展水平做出适当的电动化决定提供了基本参考。

2. 市场相关参数的敏感性分析

（1）电动汽车的盈利能力。

本书考虑的第一个市场参数是销售一辆电动汽车的单位利润（即 $pc_1 = p_1 - c_1$），它可以反映电动汽车的盈利能力。请注意，pc_1 是单位电动汽车的基准利润值，而实际值还受到研发投资强度的影响。图5.4说明了 pc_1 对汽车制造商的最佳电动化时间的影响。

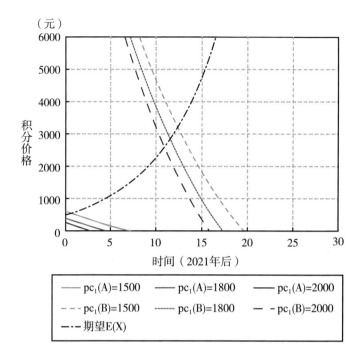

图5.4　电动汽车盈利能力对最佳转型时间的影响

注：随着电动汽车盈利水平的提高（即：pc_1 更大），汽车制造商将从电动化后销售所生产的电动汽车中获得更多的利益，因此，这两种类型的汽车制造商将决定提前转型时间。简而言之，可观的电动汽车单位销售利润促使传统汽车制造商尽快开发电动技术并投资于电动汽车生产，以实现其利润最大化。因此，政府应着力于提高电动汽车模式的盈利能力，如生产供给方面的研发补贴、减税、供应链优势资源整合，消费需求方面的消费补贴、所得税减免、促进低碳产品的支付意愿等。

（2）NEV 积分价格。

接下来，本书研究了积分价格对最佳投资决策的影响。作为影响汽车制造商利润的核心参数之一，其演变过程被刻画为一个几何布朗运动。因此，基于式（5.1），价格波动率 σ 和漂移率 μ 是影响积分价格的两个基本因素，本书将对它们的影响机制进行探讨。

（3）投资成本。

随后讨论了技术成熟度的影响机制（由投资成本的递减率：k 反应）。相应的数值模拟结果如图5.5所示。

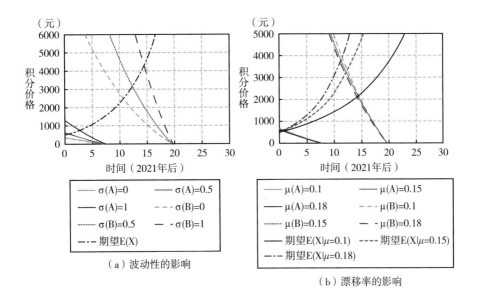

（a）波动性的影响   （b）漂移率的影响

图 5.5　积分价格对最佳转型投资时间的影响

注：图 5.5（a）清楚地表明，积分价格的波动会导致汽车制造商推迟电动化转型。与其他投资活动类似，较高的价格波动性会增加投资风险。因此，当积分价格遭受更多的不确定性时，汽车制造商会推后电动化的投资以对冲风险。此外，两家汽车制造商对积分价格的波动表现出同样的高度敏感性。具体来说，当价格波动性提高两倍时（从 0.5 变成 1），两类汽车制造商都将转型时间平均推迟了两年。同样，图 5.5（b）表明，积分价格增长越快（即：μ 扩大），汽车制造商的转型时间就越早；然而，这种影响并不显著。另外，过度的积分价格增长很可能会破坏积分价格的稳定性，放大价格的波动性。因此，通过提高积分价格的增长速度来鼓励汽车制造商加快电动化转型，并不是一个理想的方法。

随机的积分价格在很大程度上取决于双积分政策的制定。因此，政策制定者应该设计一个合理的积分核算标准，以稳定信贷价格，促进汽车制造商的电动化。例如，他们可以通过设定一个合理的底价和限制积分价格的过度增长来保持价格的稳定。

可以看到，这两种类型的汽车制造商对投资成本递减率变化的反应是不同的。从 A 类车企的角度来看，一个更显著的投资成本下降率使其加速转型的机会成本增加，所以推迟转型是最佳选择。然而，与常识相反，B 类车企在同样的情况下选择了更早的转型时机，但这种关系并不确定。从图 5.6 中可以很快注意到，如果积分价格倍增，上述结论将被逆转；也就是说，如果预期价格曲线 E（X）变得比基准值更陡峭，结果将会相反。这一发现对政策制定者来说是至关重要的。政府应该在提高技术成熟度的同时，通过组织大规模的研发和制定相关的优惠政策来补充积分价格增长率的调整，以达到更好的政策实施效果。

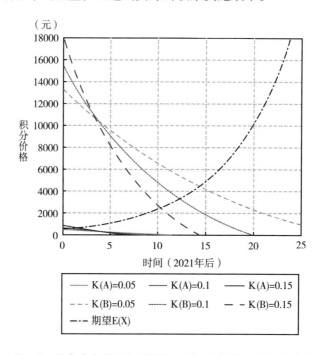

图 5.6 投资成本递减率对最佳电动化转型投资时间的影响

3. 政策相关参数的敏感性分析

双积分政策包括两个与政策相关的核心参数：NEV – 积分规则 λ 和 CAFC – 积分规则 δ。本书将分析这两个政策参数在影响汽车制造商的电动化转型时间方面的作用。它们的值被用来反映双积分政策的收紧程度，也就是说，越大的 λ 和 δ，政策规定就越严格。值得注意的是，这两个参数的变化范围对于两种类型的汽车制造商是不同的，也就是说，$\lambda \in [0, 0.67)$ 是 A 型汽车制造商的变化范围，和对于 B 型汽车制造商，$\lambda \in [0.11, 1]$，数值模拟的结果如图 5.7 所示。

首先，图 5.7 清楚地表明，A 型汽车制造商对两种积分规则的敏感性

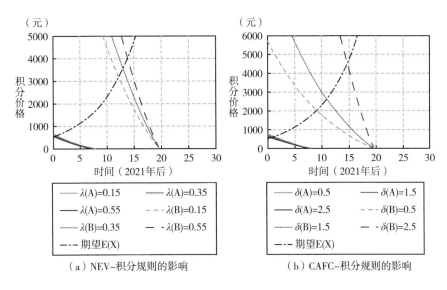

图 5.7 双积分政策参数对于最佳转型投资时间的影响

远低于 B 型汽车制造商。这主要是因为 A 型车在转型时的市场积分价格较低，因此，政策法规的变化对其利润的影响较小，其决策变化不明显。其次，还有一个重要的发现，DCP 的收紧对促进汽车制造商的电动化并不总是有效的。如图 5.7 所示，随着两个积分规则的收紧（即：λ 从 0.15 收紧到 0.55 和 δ 从 0.5 改为 2.5）B 型汽车制造商将电动化时间推迟两年和六年。根据本书的假设，B 型汽车制造商即使在电气化之后也不会满足积分要求。并且，它将承担巨大的投资成本，这比政策紧缩带来的成本增加要高得多。因此，B 型车的最佳策略是推迟电动化。这些发现对政策优化有重要意义。政府应该为不同的汽车制造商设计不同的政策标准，不应该简单地使用一刀切的政策，因为这不是最优的选择。

5.5　基于车企电动化择时决策的双积分的政策修订方案

理性的公司会做出为自己或其利益联盟带来最大利润的投资决定。

然而，与企业不同，政府不太可能广泛关注利润，而是关注政策的有效性，即财政投入与各种社会效益产出的比率。因此，本章从政府政策制定者的角度讨论这些参数的作用。具体来说，本章认为政府的政策优化目标是使政府研发补贴的效率最大化，定义为在汽车制造商的整个服务期内，每单位的政府研发补贴所推动的电动汽车销量累计增长。基于这些假设，将进一步讨论一些关键参数对这一政策目标的影响。

5.5.1　基于积分价格波动性的政策修订方案

双积分政策已经建立了一个全国性的积分交易市场。供应和需求主要决定市场价格，具有随机性和波动性。因此，本书探讨了积分价格的波动与政府研发补贴效率之间的关系，结果如图5.8所示。

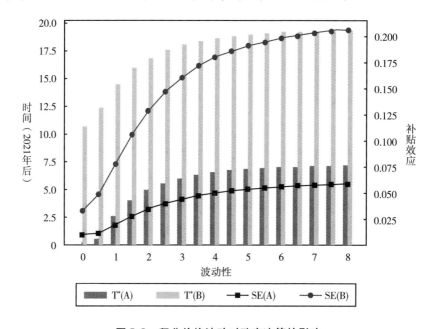

图5.8　积分价格波动对政府决策的影响

正如在第5.4.3节所讨论的，价格波动的增加推后了汽车制造商的最佳转型时间，但是这种影响强度随着波动的增加而减少，如图5.8所示，政府对两家汽车制造商的研发补贴效率随着价格的波动而增加，这与常识相反。其原因是，虽然价格波动导致电动化的延迟，汽车制造商的电动汽车累计销量减少，但同时，由于技术学习率的存在，投资成本也在减少，然后，政府减少对研发补贴的投入，投入的下降速度要比产出的下降速度快。因此，研发补贴的效率曲线呈现出上升趋势。此外，第5.4节还表明，当 σ 从 0.5 变化到 1，两类汽车制造商的转型时间将平均推后两年。然而，如图 5.8 所示，B 类车企的政府研发补贴效率（即每 1 美元研发补贴的汽车制造商累计电动汽车销量增长）从 0.05 到 0.08 增长了60%。同时，对 A 类车企来说，它从 0.01 到 0.02，只增长了 50%。换句话说，价格波动对 B 类车企有更明显的影响。

从图 5.8 中还发现，政府通过控制价格波动来提高其补贴效率并不总是有效的。具体地，对于 A 型汽车制造商来说，波动率的增加导致政府研发补贴效率的提高可以忽略不计。同样，当波动率 $\sigma > 5$，这一结论也适用于 B 类企业。因此，政府此时的最佳决策应该是稳定积分价格，因为此时的价格波动对提高政府研发补贴的效率影响不大，也会抑制汽车制造商的电动化转型。政府应通过宏观行政措施调节积分供求，限制积分价格的过度增长，减少波动。此外，工信部（2019）提出了到 2035 年使用的各种指标要求，因此，政府在考虑政策效率的同时，可以考虑指标，如分阶段的电动车销售。在明确的销售目标面前，平衡的政策参数设置可能更符合实际，更能促进 NEV 产业的整体长期发展。

5.5.2　基于研发效率的政策修订方案

本书用 1/L 来描述研发活动的成本和收益之间的关系，也就是研发效率。考虑到 L 影响到汽车制造商的销售量和单位利润，而政府主要是通过宏观措施来调整政策，因此从电动汽车市场接受度的角度来解释这一指标。换句话说，随着市场对电动汽车的接受程度逐渐提高（L 减小），汽车制造商的销售量和单位利润也会增加。本章从政府的角度研究了如何通过影响电动汽车的市场接受度来促进 NEV 产业的发展，结果如图 5.9 所示：

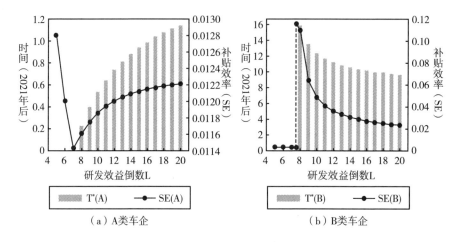

（a）A类车企　　　　　　　（b）B类车企

图 5.9　研发效率的相反数对于政府决策的影响

对于 A 类汽车制造商，如图 5.9（a）所示，当消费者对电动汽车的接受程度较高时（L≤7），此时车企快速电动化。然而，研发补贴效率对市场接受度的取值高度敏感，而且这种反应是不利的。具体来说，当 L 从 5 变为 7，即消费者购买电动汽车的意愿下降，政府研发补贴的效率迅速下降了 15%。这可以用 L 和汽车制造商在电动化后的年产量之间的负相关关系很好地解释。当 L>7，随着市场接受度的降低（L 增加），汽车制造商选择推迟转型时间，而政府的补贴效率在这一时期意外地缓慢增加，这是因为研发补贴支持的变化量与汽车制造商的累计销售量之间不匹配。因此，对于 A 类汽车厂商来说，政府的最优策略是加大对电动汽车的宣传力度，尽可能提高消费者的接受度，这样可以在提高补贴效率的同时促进这类汽车厂商的转型。

对于 B 类汽车制造商，研发补贴效率和转型时间的变化模式与 A 类汽车制造商有很大不同。首先，如图 5.9（b）所示，尽管来自市场的正反馈可以大大加快汽车制造商的电动化进程，但政府研发补贴的效率仍然处于相当低的水平（例如，L<8）。这是因为 B 型汽车制造商在电动化

之后仍然主要生产和销售 CFV，这表明政府对 B 型汽车的补贴并没有有效地用于 NEV 领域。与此相反的是，研发补贴的效率突然提高，并在 L＝8 时达到峰值，但也抑制了汽车制造商的电动化进程。由于转型时间的推迟，转型投资成本的减少，促进了补贴效率的提高。然而，这并不是一个可持续的发展战略，因为它将不可避免地影响到 NEV 市场的扩张。当 L＞8 时，根据第 5.4 节的结论，增加的 L 促进了 B 型车企的电动化，其累计销量也逐渐增加，因为转型的时间对累计销量的影响更大。尽管如此，投资成本也在迅速扩大，这最终导致研发补贴的效率呈现下降趋势。因此，对于 B 型车企，政府在制定相关的市场推广策略时，应考虑补贴效率与电动化时间的协调，以保证补贴效率，促使汽车企业尽快实现电动化，实现政府资源的高使用效率。

5.5.3　基于双积分核算准则的政策修订方案

本章节讨论了两个积分规则在政府目标中的作用。数值模拟结果显示在图 5.10 和图 5.11 中。如图 5.10 所示，在这两类汽车制造商中，NEV-积分规则的影响是相反的，对研发补贴效率和转型时间的影响也是如此。具体来说，NEV-积分规则的收紧（即 λ 增加）导致 A 型汽车制造商加速转型，但政府研发补贴的效率却逐渐下降；对于 B 型汽车制造商来说，λ 的增加使研发补贴的效率提高，但却推迟了转型。研发补贴效率的这种反直觉的表现主要是由于转型时间的变化对投资成本的影响大于对累计销量的影响。此外，通过分析 δ 的变化，发现 δ 和 λ 对政府目标有类似的影响模式，如图 5.11 所示。因此，在制定 NEV-积分规则时，政策制定者应该考虑到传统汽车制造商的异质性，对不同类型的汽车制造商采取不同的策略。同时，还需要考虑市场的实际情况，通过平衡补贴效率和转型时间来做出最佳决策。

此外，为了比较两个政策参数之间的差异，取 λ＝0.18 和 δ＝2 作为基准，并将这些数值上下浮动20%（对于 A 型汽车制造商）和10%（对

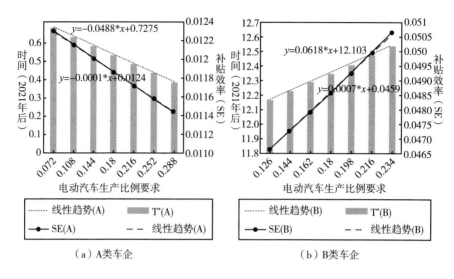

（a）A类车企   （b）B类车企

图 5.10　NEV-积分规则对政府决策的影响

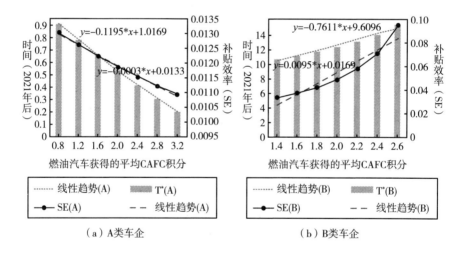

（a）A类车企   （b）B类车企

图 5.11　CAFC-积分规则对车企决策的影响

于 B 型汽车制造商）以实现结果的可比性。斜率的比较表明，至少在短期内，δ 对研发补贴效率和转型时间的影响比 λ 的影响要显著，这对两种类型的汽车制造商都适用。这一结果与欧等和普泽斯米茨基（Ou et al. and Przesmitzki, 2018），以及何等（He et al.，2021）的结论一致。因此，政策制定者需要认识到这两种积分规则对汽车制造商转型时间和研发补贴效率的不同程度的影响，并在实际政策制定中优化和协调这两个参数，以实现更好的政府目标。

5.6　本章小结

本书的重点是，考虑双积分政策的积分价格变化和时间相关的投资成本的变化情况，以及传统汽车制造商何时投资于电动化是最佳的时机。为此，本书提出了一个基于净现值的电动化投资决策模型，该模型根据电动化后是否满足 NEV-积分规则将车企进行分类，随后用动态规划求解。在分析结果的基础上，本书进行了敏感性分析，探讨了电动化时机的关键影响因素，并通过引入研发补贴效率指标，研究如何从政府的角度优化现行政策，主要结论如下。

首先，本书的结果表明，积分价格波动对汽车制造商和政府决策有相反的影响。例如，当价格波动性增加两倍（即 σ 从 0.5 到 1）时，汽车制造商会将投资平均推迟两年。然而，由于投资成本的下降，A 型和 B 型汽车制造商的政府研发补贴效率（即每 1 美元研发补贴所带来的汽车制造商的累计 NEV 销量增长）分别增加 50%（从 0.01% 提高到 0.02%）和 60%（从 0.05% 提高到 0.08%）。此外，作为积分价格变化的另一个重要参数，积分价格的增长率也可以促进汽车制造商的电动化，但其效果可以忽略不计。因此，政府在通过调整积分价格来优化政策时，一方面要努力实现汽车厂商转型和研发补贴效率之间的最佳平衡；另一方面，应当限制价格的过度增长，否则不但政策作用不明显，还可能会增加价格的不稳定性。

其次，收紧双积分政策对促进汽车制造商的转型并不总是有效的。具体来说，对于那些不打算在转型后满足 NEV-积分规则的汽车制造商来说，随着 NEV 积分比率约束从 15% 增加到 55%，以及每辆生产的 CFV 获得的平均负 CAFC 积分从 0.5 变化到 2.5，最佳电动化时间将被推迟两年和六年。此外，通过比较两种积分规则的影响，发现在促进汽车制造商加速转型和提高政府研发补贴效率方面，CAFC – 积分规则比NEV – 积分规则有更大的作用，这与欧等和普泽斯米茨基（Ou et al. and Przesmitzki, 2018），以及何等（He et al.，2021）的观点一致。因此，政府应针对不同的汽车制造商制定不同的规则约束，同时持续收紧政策标准。例如，政府可以对电动化后能满足 NEV 积分比例约束的汽车制造商适当收紧政策标准，以加强政策激励。否则，政府应适当放宽规则标准，为汽车制造商提供一个适应期。同时，应充分认识到这两个政策参数在短期内的不同程度的影响，根据市场的实际情况，将两种规则的适当组合，以达到更好的政策效果。

再次，本书发现，汽车制造商研发效率的提高并不一定会加快所有汽车制造商的电动化进程。敏感性分析结果清楚地表明，当企业研发效率提高时（即 L 从 15 变成 10），对于那些在电动化后需要花费成本来满足 NEV 积分约束的汽车制造商来说他们并不会加速电动化。然而，只有当研发效率提高到一个足够高的水平（例如，L = 5）时，才会促使他们立即转型。此外，从政府的角度来看，市场对电动汽车的高度接受（即 L≤7）通常伴随着较低的研发补贴效率，特别是对于那些在转型后仍然专注于生产 CFV 的汽车制造商。因此，政府仅仅通过宣传来提高消费者对电动汽车的接受程度是不够的。它还需要配备一些补充措施，如对电动汽车的税收优惠，以刺激汽车制造商生产更多的电动汽车，促进 NEV 产业的长期发展。

最后，本书的结果也可以为其他基于市场交易机制的政策制度提供启示，如 ZEV 和碳交易政策。具体来说，在一些特定的假设下，保持 ZEV 信用的价格稳定可能比加速价格的增长更有利于电动汽车的发展。同样，碳价格的波动可能会延迟各种低碳技术的研发和创新进程，而这又可能影响行业可持续发展的实现。因此，政府可能需要为碳价格设定一个上限和下限，以更好地控制价格波动。然而，与其他建模研究类似，本书做了一些模型假设，这也导致了一些局限性。第一，为了简单起见，我们将电动化投资视为一次性的、不可逆转的花费。如果考虑到摊销，其结果将与实践更加一致。第二，考虑不同汽车制造商所面临的不同的需求函数，有助于为修改政策参数提供更具体的建议。第三，我们根据政府研发补贴的效率来优化政策参数，进一步考虑不同汽车制造商在市场中的比例将有助于更好地评估政策对可持续性的影响。预计这些问题将在未来的研究中得到解决。

双积分政策下的新能源车企电动化生产与运营决策研究

6.1 研究概况

首先，本章基于新能源汽车在运营管理和净现值领域的相关理论，分析了双积分政策的内涵和传统汽车制造商的现状，并解析了汽车制造商电动化转型前后的利润流。其次，在传统汽车制造商的整个生命周期中，构建关于投资时机、研发强度和产品线分配的总利润的目标函数（T，v，θ）。由于该函数的复杂性和非线性，本章将开发一种遗传算法（GA）来解决特定情况下的组合优化问题。再次，本章采用可视化分析来说明汽车制造商决策中关键参数的机制。最后，本章将政府视为决策人，确定了政策参数的相互作用和最佳组合，以扩大新能源汽车市场规模。此外，本章还确定了双积分政策参数的优化策略，其研究结果将有助于理解双积分政策参数的影响，并提供能够有效促进中国新能源汽车产业发展的政策建议。

本章试图科学地探讨传统汽车制造商电动化决策的运营管理实践，

并最终指导新能源汽车产业的发展实践。本章的主要创新点在于把传统汽车制造商的电动化转型作为切入点，同时分析了研发力度、产品线配置、投资时机等关键要素。其结果可以充分地补充现有的关于汽车制造商决策的研究。本章还提出了两种积分政策之间的相互关系，以及政府政策优化策略，同时用数字确定关键参数对电动化决策的影响，这将为政府优化双积分政策提供重要的理论参考。

本章的其余部分组织如下：第6.2节提出了一个数学模型，说明在双积分政策制度下，传统汽车企业如何做出利润最大化的电动化过渡决策。接着介绍了数值模拟所需的遗传算法的内容。第6.3节介绍了数值模拟和每个关键参数的分析。最后将政策参数内生化，以探索政府目标，并从决策者的角度研究政策参数之间的协调策略。第6.4节对本章进行了总结。

6.2　双积分政策下的传统车企生产决策

6.2.1　模型提出

中国在2017年9月颁布了双积分政策，并在2018年实施。该政策是政府减少对化石燃料的依赖和净化大城市天空行动的一部分，这也成为近期内新能源汽车增长的主要动力之一（工信部，2017）。它由平行的两个部分组成：企业平均燃料消耗量积分规则（CFAC-积分规则）和新能源汽车积分规则（NEV-积分规则）。汽车制造商可以通过生产电动汽车和插电式混合动力汽车获得正积分，同时也会因未能满足这两项规定而产生负积分。新能源汽车积分规则侧重于生产量，并规定汽车制造商产生的新能源汽车积分需满足一定的约束条件（相当于2019年燃油汽车销售量的10%，2023年上升到18%）。另外，燃料消耗量积分规则涉及燃料的经济性，旨在减少碳排放，它为汽车制造商设定了生产加权平均燃料消耗目标。政府建立了一个积分交易系统，在该系统中，核算后未能产生正积分的汽车制造商必须从拥有额外正积分的其他公司"购买"积分。

（1）积分价格：与欧盟排放交易体系（ETS）中的碳配额类似，新能源汽车积分额度的价格也由积分交易体系中的供求关系决定。平迪克（Pindyck，1999）指出，虽然价格在长期内有均值回归的趋势，但均值回归的速度很低，所以几何布朗运动（GBM）是很好的拟合模型。基于此，阿巴迪和查莫罗（Abadie and Chamorro，2008），海达里、奥文登和西迪基（Heydari, Ovenden and Siddiqui，2012），以及瓦拉、欧苏利万、李和迪瓦恩（Walsh, O'Sullivan, Lee and Devine，2014）都将欧盟排放权价格建模为几何布朗运动。因此，本章将积分价格 X（t）作为外生变量，并以几何布朗运动的形式描述其变化，具体如下：

$$dX(t) = \mu Xdt + \sigma Xdz \qquad (6.1)$$

其中 μ 是恒定的漂移率，σ 是恒定的波动率，z 是维纳过程。为了简单起见，本章主要关注积分价格 X（t）的预期，即 $X = X_0 e^{\mu t}$，其中 X_0 指的是在时间 t = 0 上的初始价格。因此，积分价格在单位时间 t 内增加 μ。本章中使用的参数概要如表 6.1 所示。

表6.1　　本章模型中所使用的数学符号

符号	释义
X	新能源汽车积分的单位价格
μ	漂移率
σ	挥发性
P	汽车制造商在整个服务周期内的总利润
F_0	电气化之前的汽车制造商的利润流
F_1	电气化后的汽车制造商的利润流
I	新能源汽车技术的投资成本
T	最佳的投资时机
I_0	每单位研发强度的投资成本
v	新能源汽车技术的研发强度

续表

符号	释义
d	降低投资成本率
r	资本成本
p_i	一辆燃油汽车的销售价格（i＝0）或 EV（i＝1）
c_i	一辆燃油汽车的生产成本（i＝0）或电动汽车（i＝1）
q	电气化前的年总销售额
q_1	电气化后的年总销售额
L	研发效率的倒数
θ	电气化后的燃油汽车生产比率
λ	新能源汽车生产的比例限制
δ	每生产一辆燃油汽车所获得的平均 CAFC 负积分
c_v	每生产一辆电动汽车获得的 NEV 积分

（2）汽车制造商的目标函数：为了确定传统汽车制造商的决策，对公司的总利润进行建模。本章首先考虑一个汽车制造商或生产线在整个服务期内的总利润，同时，基于净现值（NPV）理论，格莱伯斯库姆（Grubbström，1998）给出公司决策的目标函数如下：

$$P(X) = \int_0^T F_0 e^{-rt} dt + \int_T^\infty F_1 e^{-rt} dt - I(T) e^{-rT} \qquad (6.2)$$

其中 F_0 和 F_1 分别表示电气化前和电气化后的利润流，T 是投资时机。因此，式（6.2）右边的第一个积分代表汽车制造商在电气化之前的利润流，第二个积分表示电动化之后的利润流。此外，本章不考虑建立一个新的汽车生产厂所需的时间，因此，第一个积分的上限等于第二个积分的下限。与瓦拉、欧苏利万、李和迪瓦恩（Walsh，O'Sullivan，Lee and Devine，2014），以及何等（He et al.，2017）的研究一致，假设一旦汽车制造商做出投资决定，电动化进程就立即完成，并且准备开始生产电动汽车，其利润流就不再中断。此外，假设运行和维护成本在电动化前后保持不变，所以为了简单起见，在此方程中省略固定成本。因此，目标函数中的总成本只包括电动化的投资成本、车辆制造成本和积分交易成本。

（3）双积分政策制度：依据李等（Li et al.，2020）的研究，本章将汽车制造商的利润流分为两个部分：一部分是生产和销售过程中的利润，另一部分是双积分政策制度下积分交易过程中产生的额外收益或成本。具体来说，汽车制造商在电动化转型之前只生产和销售燃油汽车，所以一方面，其销售利润流可以写成 $(p_0 - c_0)q$，其中 p_0 和 c_0 分别是单位燃油汽车的销售价格和生产成本，q 表示电气化前的年总销售额。另一方面，工信部（2020b）披露的 144 家汽车制造商中，所有在 2019 年只生产燃油汽车的制造商都没有达到政府规定的油耗目标。因此，本章只考虑汽车制造商生产燃油汽车产生负的 CAFC 积分，需要购买 NEV 积分来弥补的情况。为满足政策约束而购买额外积分额度的成本应该是 $(\lambda + \delta)Xq$，其中 λ 是新能源汽车的比率约束，而 δ 是每生产一辆燃油汽车所获得的企业平均负油耗积分额度。因此，在电动化转型之前，汽车制造商的总体利润流给定为：

$$F_0(t) = (p_0 - c_0)q - (\lambda + \delta)X(t)q = (p_0 - c_0)q - (\lambda + \delta)X_0 e^{\mu t}q$$

(6.3)

此外，本章进一步认为，密集的投资代表了企业对新技术和汽车新车型的高度关注。因此，总生产力可能会在一定程度上增加。本章假设，汽车制造商的产量在电动化转型后会增加，这取决于投资强度 v 的大小。因此，如果汽车制造商决定投资并进行电动化改造，其年产量可以写成：

$$q_1 = \left(1 + \frac{v}{L}\right)$$

(6.4)

其中 L 是研发效率的倒数。L 反映了研发的投入产出比。

此外，还有必要考虑价格与数量的关系。首先，直观来看，如果销售量直接等于生产量，那么最好的解决方案是完全放弃两种类型中的一种。随着积分价格的上升，这可能促使汽车制造商完全放弃燃油汽车的生产，这不符合政策的初衷，即在不完全扼杀燃油汽车市场的基础上促进新能源汽车的快速发展。如果传统的汽车制造商由于高额的积分价格而无法生产燃油汽车，那么对现有的汽车行业来说，将带来不可避免的巨大损失。这个假设为汽车制造商提供了一个明确的价值以平衡两类汽车的生产，防止上述情况的发生。其次，由于本章不考虑生产和销售之间的不匹配，所以引入这种关系以防止企业生产过剩。这个假设潜在地描述了由于过度生产而导致的库存积压和产品退化的风险。因此，在衡量电动化转型后汽车制造商的利润流时，假设燃油汽车和电动汽车都满足价格－数量的关系。也就是说，每单位销售的利润与产量呈负相关。

具体来说，燃油汽车的销售利润为 $\dfrac{2-\theta}{1+\dfrac{v}{L}}(p_0-c_0)q_1\theta$，其中 θ 描述了电动

化后总产品线中燃油汽车的生产比例。同样，销售电动汽车的单位利润

也会增加；因此，销售电动汽车的利润流可以写成 $\dfrac{2-(1-\theta)}{1+\dfrac{v}{L}}\left(1+\dfrac{v}{L}\right)$

$(p_1-c_1)q_1(1-\theta)$。与上述类似，转型后的汽车制造商在积分交易期间产生的利润流为：

$$c_v X q_1(1-\theta)-\delta X q_1\theta-\max\{0,(\lambda\theta-1+\theta)X q_1\} \tag{6.5}$$

综上所述，汽车制造商电动化转型后的利润流可以写成：

$$F_1(t)=(2-\theta)(p_0-c_0)q\theta+(1-\theta^2)(p_1-c_1)q_1+c_v X_0 e^{\mu t}q_1(1-\theta)$$
$$-\delta X_0 e^{\mu t}q_1\theta-\max\{0,(\lambda\theta-1+\theta)X_0 e^{\mu t}q_1\} \tag{6.6}$$

（4）汽车制造商的决定：确定在时间 $t=T$ 时，电动汽车相关技术的一次性投资成本。这个成本取决于研发强度和投资时机，具体而言：

$$I(T)=v^k I_0 e^{-dT} \tag{6.7}$$

其中 I_0 是单位研发工作在时间 $t=0$ 上的投资成本。根据切拉帕和梅赫拉（Chellappa and Mehra，2018），以及质量成本（COQ）理论中的预防成本（Schiffauerova A.，Thomson V.，2006），本书假设 $k=2$ 来概念性地展示车辆质量和固定的、与质量相关的生产成本之间的比较。同时，根据瓦拉、欧苏利万、李和迪瓦恩（Walsh, O'Sullivan, Lee and Devine，2014）的研究，投资成本 d 的降低使等待技术和市场成熟度都具有明确的价值。

在式（6.2）中把 F_0，F_1 和 $I(T)$ 代入 $P(X)$，可以把汽车制造商在整个生命周期内的总利润的净现值写为：

$$P(X) = \int_0^T F_0 e^{-rt} dt + \int_T^\infty F_1 e^{-rt} dt - I(T) e^{-rT}$$

$$= \int_0^T \left[(p_0 - c_0) q e^{-rt} - (\lambda + \delta) X_0 e^{(\mu-r)t} q \right] dt$$

$$+ \int_T^\infty \left\{ \begin{array}{c} \left[(2-\theta)(p_0 - c_0) q\theta + (1-\theta^2)(p_1 - c_1) q_1 \right] e^{-rt} \\ + \left[c_v(1-\theta) - \delta\theta \right] X_0 e^{(\mu-r)t} q_1 \\ - \max\left\{ 0, (\lambda\theta - 1 + \theta) X_0 e^{\mu t} q_1 \right\} e^{-rt} \end{array} \right\} dt$$

$$- v^k I_0 \qquad (6.8)$$

综上所述，汽车制造商的电动化投资决策解决了式（6.8）中的目标函数，并获得一组参数组合（T，v，θ），使其达到最大的 $P(X)$。

6.2.2　智能优化算法

本书所提出的算法在 Matlab R2019b 中得以实现，并在四核处理器 3.30 千兆赫兹的 PC 上执行，内存为 16 吉字节，需要两个算法参数作为输入，随机生成种群中的个体数量 [n] 和最大迭代次数 [maxiter]。同时，编码七个决策参数以生成候选解集，即 [pc_1]，[u]，[λ]，[δ]，[q]，[C_v]，以及 [L]。本书使用二进制编码、轮盘选择算子及单点交叉算子。交叉概率被设定为 0.8，突变概率为 0.085（Lei L.，Zhong Z.，Lin C.，et al.，2012）。

在启动优化算法之前，用户应指定所涉及的其他外生参数（例如：r，pc_0，k）和需要分析的参数的变化范围，它可以代表真实的市场，也可以是一个近似值。该算法的输出，即最大累积利润，在图 6.1 中得到了直观的体现。最后，由投资时机 T、研发强度 v 和产品线配置 θ 组成的最优决策将以数值的形式输出，其对应场景的参数值将被同时输出作为标记。

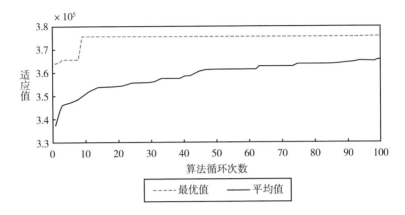

图 6.1 当前和以前所有代中的最佳利润与遗传算法每一代的平均利润计算结果

6.2.3 模型结论与数值算例

本章节首先通过数值模拟解决汽车制造商的最优决策，探讨关键参数对决策的影响。该决策包含三个子决策：投资时机、投资强度和产品线分配。考虑这些参数，该公司将同时决定所有三个子决策，以保证其长期总利润最大化。

根据工信部（2020a）的统计，2019 年中国 58 家乘用车企业（包括自主品牌和合资品牌）的年均产量约为 119540 辆。假设有一家传统的汽车制造商，其产能为 12 万辆，每辆净利润（$pc_0 = p_0 - c_0$）为 2000 美元。同时，考虑新上市车型的市场接受度通常较低，假设在基准投资强度下，生产每单位电动汽车的净利润（$pc_1 = p_1 - c_1$）在投资强度 $v = 0$ 下为 1500 美元。

其次确定投资成本。假设每单位研发强度的投资成本为 1.0×10^7 美元。同时，由于技术成熟导致投资成本降低，而成本降低的速度可以通过技术学习率来反映，假设特定技术的投资成本每年会降低 8%（Mcdonald A.，Schrattenholzer L.，2002；Jamasb T.，Kohler J.，2007）。因此，在最大研发强度下，随时间变化的投资成本函数为：$I(T) = \$2.25 \times 10^9$

$\exp(-0.08T)$。

最后确定积分相关参数的值。根据目前新能源汽车积分额度的市场价格，在 $t = 0$ 的初始时刻价格设定为 400 美元。根据特斯拉 2013 ~ 2017 年的积分交易收入数据，预计其每年以 15% 的速度增长。假设 L 为 15，表示研发效率和产品的市场接受度成反比。此外，根据修订后的双积分政策，工信部（2020a）规定 2023 年的新能源汽车积分规则为 18%，假设 λ 为 18%。根据工信部（2020b）披露的 144 家汽车制造商中，所有在 2019 年只生产燃油汽车的汽车制造商都没有达到政府规定的油耗目标。实际平均油耗为 8.29 升/100 千米，达标值为 6.44 升/100 千米，这意味着生产一辆燃油汽车平均产生约两个负的 CAFC 积分。在此基础上，假设 δ 等于 2，此结论与张和蔡（Zhang and Cai, 2020）的观点一致，本章假定 C_v 为每辆电动汽车产生的三个积分额度。此外，如罗宾、陈和饶（Rubin, Chen and Rao, 2007）所述，本章假设资本成本 $r = 0.1$ 以反映大量投资成本和向新领域过渡所涉及的一些高风险。

（1）盈利能力：定义 $pc_{i,(i=0,1)} = p_i - c_i$ 为销售一个车型的单位利润。pc_1 是电动汽车电动化转型后单位销售利润的基准值，实际销售利润也会受到研发强度和销量的影响。它与电动汽车的比较关系 pc_0 反映了电动汽车相对于燃油汽车的盈利优势。图 6.2 展示了 pc_1 对汽车制造商的最佳投资决策的影响。同时图中还计算了两段简单的移动平均线（2SMA），其平稳的波动使之更容易确定决策的趋势。

第一，图 6.2（a）显示，对于利润较低的汽车制造商（$pc_1 < 0.225$），在短期内进行电气化投资并非最佳选择。虽然 pc_1 在这种情况下是逐渐增加的，而且积分交易带来了额外的收入，但汽车制造商为满足 NEV-积分规则所付出的成本还不能与大量的投资相提并论。因此，对企业来说，进行电气化改造是无利可图的。因此，这些汽车制造商没有立即转型，而是希望推迟投资（大约 2 ~ 8 年后）。从长期的角度来看，随着积分价格上升到一个相对较高的水平，对他们来说，最好的选择是集中投资（v 更高），并在未来几乎完全放弃燃油汽车的生产（再过约 5 年后）。此

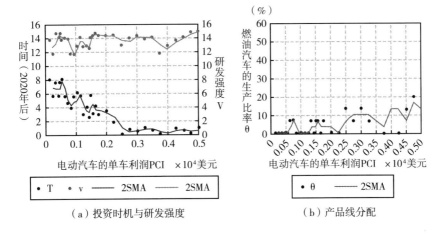

（a）投资时机与研发强度　　　　　　（b）产品线分配

图 6.2　pc_1 对最优投资决策的影响

刻，在区间 $[0, 0.225]$ 内，两个子决策都保持在较高的水平。

第二，在 $pc_1 \geq 0.225$ 时的两个子决策与上述情况完全不同。图 6.2（a）的右侧显示，利润较高的传统汽车制造商应该在 $1 \sim 2$ 年内进行密集投资。同时，这些企业在转型后同时生产电动汽车和传统燃料汽车是最佳选择。在这种情况下，较高的利润率 pc_1 不再是投资时间的重要推动力，但其仍会有效地刺激研发强度。

综上所述，本章节证明了利润率在汽车制造商的电气化决策中起着关键作用。一般来说，电动汽车的利润率与燃油汽车相当，可以促进汽车制造商通过密集的研发来实现电动化。因此，政府和企业应共同关注并提高电动汽车的盈利能力。例如，在生产方面，进行研发补贴、减税、合作研发新平台和电池技术，或整合优势供应链资源；在消费方面，对购买电动汽车进行补贴、购置税减免、促进低碳产品的支付意愿等。

此外，图 6.2（b）展示了转型后企业的产品线分配决策，其中 $1 - \theta$ 表示电动汽车产量在年总产量中的份额，从左纵轴可以看出（$pc_1 < 0.225$），汽车制造商几乎会完全放弃燃油汽车的生产。这是因为当最佳转型时间到来时，积分价格已经增长到一个很高的水平。在积分收入方面，电动汽车的生产将远远领先于燃油汽车，抵消了其在销售收入方面

的劣势。然而，当电动汽车的利润率达到一定高的水平（ $pc_1 \geq 0.225$ ）时，公司的最优策略就会转向尽快投资。此时，汽车制造商不会完全放弃这两种汽车类型中的任何一种，因为这两种类型带来的总利润是相当的。

（2）积分价格：接下来分析漂移率对最佳投资决策的影响。从直观上看，汽车制造商显然有更大的动力去生产能够获得更多 NEV 积分额度的高质量电动汽车。较高的积分价格将提高生产电动汽车的积分交易收入，因此较高的增长率会有利于汽车制造商电动汽车的生产，并推动电气化转型时间提前。然而，最佳投资时机在理论上仍有争议。一方面，未来新能源汽车积分额度的价格相比目前的价格会有成倍的提高，这等于变相削弱了早期过渡时的积分额度的利润。另一方面，考虑到技术成熟度和利率及高质量车型的投资成本远高于低质量车型，推迟密集投资更有利于企业控制成本，增加总利润。本书的模型和算法有助于准确地找到解决方案，数值结果如图6.3（a）所示。图6.2（a）和图6.3（a）所体现的规律性存在两个明显的区别。首先，图6.3（a）中的不连续跳跃是显著的，这意味着企业会在边界处转换电动化战略（ $\mu = 0.1$ ）。其次，在整个区间 $[0, 0.6]$ 内，这两个子决策的趋势几乎是相同的。具体来说，结果显示，低 μ 值有利于促进汽车制造商的转型，但对应的是较低的研发强度。虽然高 μ 值会导致密集的研发，但会相应地推迟投资时机。

此外，图6.3（b）中产品线分配决策的变化模式与图6.2（b）中不同。燃油汽车生产比率的突然下降表明，高漂移率可能迫使汽车制造商完全放弃燃油汽车，并在 μ 达到特定的阈值后主动将其汽车产品过渡到电动化。政府可以通过不断提高底价或收紧会计标准来实现这种目标。值得注意的是，如果传统汽车制造商因高额的积分价格而被迫暂停燃油汽车的生产，将不可避免地给现有产业带来巨大的损失。在实践中，中国已经不再为禁止燃油汽车设定最后期限，以便为燃油汽车提供更多时间与电动汽车共存。在确保传统汽车制造商和行业稳定的同时，政府可

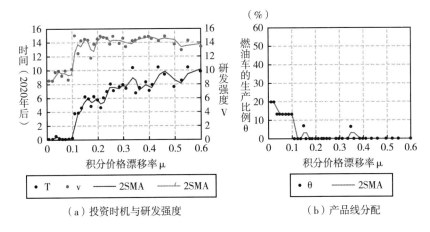

图 6.3　μ 对最优投资决策的影响

以通过引入上限和下限价格来调节积分价格的增长速度，以促进电动化发展和研发强度的提高。

除 μ 以外，每生产一辆电动汽车所获得的 NEV 积分额度 C_v 也会影响到电动汽车生产的盈利能力和汽车制造商的决策。通过分析 C_v 的敏感性，发现 C_v 和 μ 对最优决策的影响模式大致相同，数值结果如图 6.4 所示。因此，依托本书模型，政府可以根据汽车制造商的特点，在积分规则中科学地设定 C_v，同时实现电气化、研发强度和电动汽车生产的有效发展。

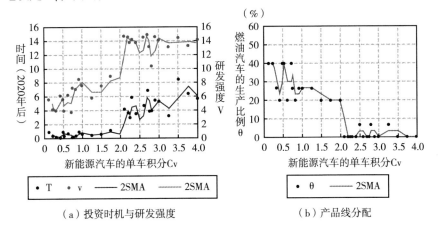

图 6.4　C_v 对最优投资决策的影响

（3）企业规模：本章节考察了双积分政策制度对不同规模的企业电动化决策影响的差异。用平均年产量 q 来描述企业规模，结果如图 6.5 所示。可以看出，根据不同种类的最优决策，汽车企业可以分为三类。首先，对于年产量低于 4 万辆的小型企业或生产线，其最优决策是在一年内投资，但由于研发强度最低，相应的最优积分价格约为 400 美元。对于这些汽车制造商来说，即使在电动汽车单位利润方面可能有优势，但由于其生产能力有限，要获得足以抵消密集研发的高成本的利润仍然是一个挑战。因此，他们的最佳策略是尽快投资和开发低端车型，以便从积分交易中获得更多可观的收益（T∈[0,1]，v∈[0,2]）。此外，如图 6.5（b）所示，对于这些汽车制造商来说，同时生产电动汽车和传统燃油汽车是最佳选择（θ∈[20%,40%]），因为低端电动汽车的总单位利润与燃油汽车相比并不具有明显的竞争优势。

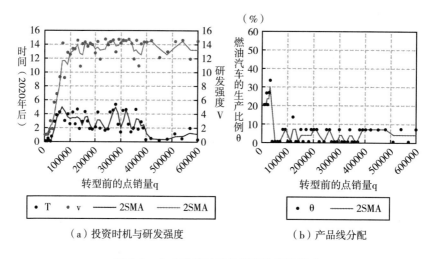

（a）投资时机与研发强度   （b）产品线分配

图 6.5   企业规模对最优投资决策的影响

其次，对于中型企业或生产线，即年产量超过 4 万辆但少于 40 万辆的企业来说，其最佳决策明显不同。具体来说，在横轴的中间，不断增长的生产力致使汽车制造商推迟转型的时间（大约在三年后投资），并在这种情况下考虑生产高质量的产品，得到的最佳积分价格预计为 400×(1+15%)³ 约等于 608 美元。同时，高强度的研发扩展了电动汽车的利润优势。因此，电动汽车将占据中型企业产品线的很大一部分（$\theta \in$ [0%，10%]）。

最后，大型汽车制造商（年产量超过40万辆）的最佳策略也与上述两类不同。如图6.5所示，其最佳策略是在大约一年后进行电气化，同时进行密集研发。同样，这些汽车制造商的最佳积分价格约为 $400 \times (1 + 15\%)$ 约等于460美元。值得注意的是，对于产品线分配，尽管其在燃油汽车市场上具有竞争优势，但生产电动汽车的巨大利润导致其将生产主要集中在电动汽车上（$\theta \in$ [0%，10%]）。

综上所述，本书认为，双积分政策体系对不同规模的汽车制造商具有不同的引导作用。随着未来政策的进一步收紧，合理预测企业的决策，尤其是中小企业的决策，对政策的不断修正和政府目标的实现至关重要。

（4）研发效率：本章用研发效率 $1/L$ 来调节研发成本和收益之间的关系。也就是说，在相同的研发强度 v 的情况下，研发效率 L 越大，对生产规模的改善就越小，研发带来的单位利润也就越小。从图6.6（a）中可以看出，对于在基准情况下讨论的中型企业，若研发效率不够高（$L \geqslant 22$），最优策略是迅速投资低利润的电动汽车。然而，当研发效率处于中等水平时（$4 < L < 22$），最佳选择是在 4~8 年后再投资高质量的车型。此外，如果研发的效率很高（$L \leqslant 4$），汽车制造商的最佳选择是尽快进行密集研发的电动化转型。就产品线的分配而言，在第一种情况下，汽车制造商将同时生产两种类型的车型。然而，在其他两种情况下，汽车制造商几乎会放弃燃油汽车的生产。事实上，技术的投入产出比是相对稳定的。考虑 L 影响企业的产出（即销售量）和单位利润，本章从电动汽车的市场接受度来解释 L。换句话说，随着市场对电动汽车接受程度的逐渐增加（L 缩减），电动汽车的销售量和单位利润也会增加。

基于此，可以从图6.6中得出结论，市场的积极反馈可以极大地促进汽车制造商对新能源汽车技术的研发投入。因此，政府可以加大对电动汽车的宣传力度，提高消费者的接受程度，进而促进汽车企业的高质量

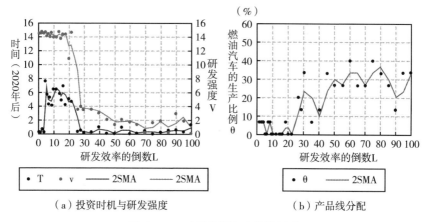

（a）投资时机与研发强度　　　　　（b）产品线分配

图 6.6　L 对最优投资决策的影响

转型。然而，尽管 L 对电动汽车的发展始终是有利的，但政府也应警惕在 L 处于中间阶段时，电动化转型投资可能会出现的延迟。

（5）燃料消耗：最后，本章研究的核心参数还包括两个积分规则，还分析了积分规则对企业电动化决策的影响作用。考虑本章的分析主要是基于企业的角度，因此只讨论 δ 的影响，而 λ 将在第 6.3 节中从政府的角度进行详细分析。根据上文式（6.3）中的 δ 得出，直接受到汽车制造商生产的车辆的平均油耗的影响，燃油消耗量越大，则 δ 的绝对值就越大，数值结果如图 6.7 所示。

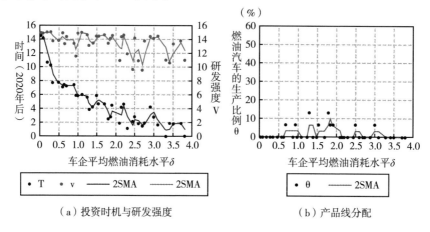

（a）投资时机与研发强度　　　　　（b）产品线分配

图 6.7　燃料消耗对最优投资决策的影响

随着 CAFC 负积分的增加，购买 NEV 积分以满足积分规则的成本可能会超过等待投资的收益，这时汽车制造商应该选择转型。图 6.7（a）中的结果显示，对于那些目前遭受大量 CAFC 负积分的汽车制造商来说，走电动化道路并开发高质量的电动汽车车型是明智的选择。一般来说，对于一个特定的中型汽车制造商来说，如果它的平均油耗与达标值相差甚远，则它应该加速向电动化过渡。反之，它可以适当推迟转型，持有资金或将其用于互联、共享、智能化等其他领域的投资。此外，还可以看出，燃料消耗水平对研发强度和产品线分配的影响相对不大。

6.3 双积分政策对传统车企电动化的引导机制与协调策略

6.3.1 政府目标

上一节考虑了决定传统汽车制造商电动化决策的双积分政策制度。政策总是被认为由外部环境所决定，因此，其相关参数总是外生的。尽管上文已经讨论过政策参数 δ 的影响和优化，但并没有将政府视为一个决策者来研究政策参数之间的影响和协调。事实上，在实施一项新政策时，政府必然要事先考虑企业的反应，以及这些反应是否能促进政府目标的实现，最后再综合规划参数的应用，使其在最佳的协调方案下实现政府的目标。

因此，在这一节中，将政府视为一个决策者。根据新古典经济学理论，社会经济体系中的理性企业总是为自己或其利益联盟带来最高利润，而不是为了政府目标进行投资决策。本章节研究认为，在汽车制造商的整个生命周期中，电动汽车累计销量的最大化是政府政策的优化目标，影响政府目标的几个重要参数的作用将在下文用数字表明。

（1）盈利能力：作为影响汽车制造商利润的核心参数之一，每辆电动汽车的利润率是其电动化决策的重点，因此，利润率也是政策参数优化的关键指标之一。政府通过补贴提高每辆电动汽车的利润，并在推广电动汽车方面取得了成功。本章节首先探讨每辆电动汽车的利润率与电动汽车累计销量之间的关系。图6.8显示了电动汽车累计销量随电动汽车利润率的变化，以及其多项式曲线拟合（PCF）。累计销量是指汽车制造商从过渡时期到使用寿命结束时，即2050年（2020年后的30年）的电动汽车的总产量。

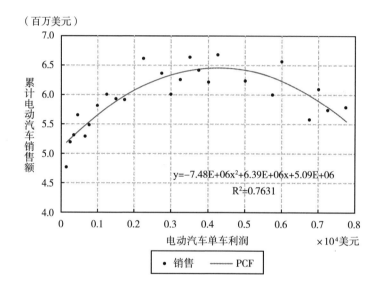

图6.8 pc_1 对累积电动汽车销售量的影响

注：E是科学记数法，如2E3表示 2×10^3。

如图6.8所示，对于一个年产量为12万辆的中型传统汽车制造商来说，当生产一辆电动汽车的预期利润约为4000美元时，电动汽车的累计销量达到了最大值。这相当于从2020年起，电动化转型后平均每年生产216000辆电动汽车。此外，随着 pc_1 增加，PCF的结果反映了电动汽车销售的倒"U"型变化。

本章节的研究结果表明，政府对传统汽车制造商的补贴只有在补贴后每辆电动汽车的利润率较低时（$pc_1 < 4000$ 美元）才能促进电动汽车的

累计销量，即只是对于具有高利润率和市场接受度的汽车制造商（补贴后 $pc_1 > 4000$ 美元）。第 5.2.3 节中 pc_1 的结果表明，持续的补贴将提高燃油汽车的生产比率 θ，最终会导致电动汽车累计销量的下降。此时，政府应减少或停止对这些优势汽车制造商的财政支持，而继续通过其他非财政激励措施支持他们，以进一步扩大电动汽车市场，促进电动汽车行业的高质量发展。

（2）积分价格：关注积分价格 μ 的年增长率与电动汽车累计销量之间的相关性。销量随 μ 的变化和与 PCF 的结果如图 6.9 所示。

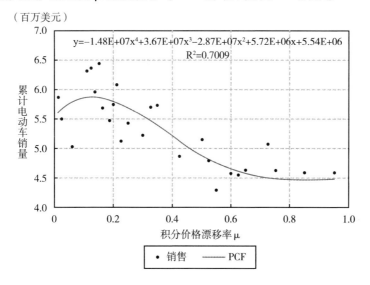

图 6.9　μ 对累积电动汽车销售量的影响

随着价格 μ 的增长，累计电动汽车销量的总体变化呈现出先增后减的模式，最终趋于平缓。特别是由于目前的积分价格还比较低，此时增长率的提高有助于汽车制造商加快电气化进程，从而增加累计销量。然而，虽然从直观上看，积分价格的快速增长增强了电动汽车的盈利能力，从而有助于促进电动汽车的生产，但与此同时，这也为传统汽车制造商提供了一个重要的激励机制，让其有机会等待并投资于高端汽车。如图 6.9 所示，根据上一节的结论，当增长率达到一个中等水平时，此时汽车制造商的最佳决策是进行密集投资（v 在一个恒定的高水平上），同时将转型时间推后（T 减少），这会导致累计销量的下降。此外，当增长率进一步提高时，投资时机和强度的决策将趋于平缓，也就是说，以高研发强度向电动化过渡大约需要 9 年时间，这导致累计销量变化也趋于平缓。此时，虽然电动化的启动可能较晚，但电动汽车的质量会更加可靠，更有竞争力。因此，本书的结果表明，积分价格的增长率对市场上的电动汽车的质量也有显著影响。

随着中国汽车市场的快速发展，至少在短期内，燃油汽车的需求将继续快速增长，而新能源汽车的市场份额仍然相对有限。因此，传统燃油车制造商产生的 NEV 积分的持续增长无疑将推动积分价格的快速上涨。尽管双积分政策是一种市场化机制，但本书的研究结果表明，中国政府仍须积极发挥宏观调控作用，以避免积分价格的过度增长。一旦积分价格上涨过快，将导致汽车制造商推迟转型（在基准情况下约为 2027 年），到那时，虽然企业会更愿意进行密集的研发，但电动汽车整体的生产和销售会下降，这将使得我国实现预定的产业发展目标面临挑战。因此，政府应根据目前汽车企业的具体情况，积极推动积分价格达到合理水平，以促进车企电动化转型，但同时也要注意控制价格上涨的速度，以免推迟电动化转型时间，减少累计销量。政府也将提出并实施一些有效的具体措施，包括提供灵活的积分结算机制，建立关联公司之间的积分转移机制，以及放缓政策收紧的速度等。

6.3.2　政策参数的协调

上一节确定了政府的目标和重要参数的影响后，本部分将研究政策参数之间的相互协调。本章节从政策制定者的角度评估政策参数的影响，同时考虑两个参数的变化，以探讨在两个积分规则的不同强度下政府目标的实现情况。在探讨两个政策参数的协调之前，将分别讨论每个积分规则的作用。在本章节研究中，δ 被假定为每生产一辆燃油汽车所获得的平均负 CAFC 积分。在实践中，汽车制造商的 CAFC 积分是根据一系列的指标来计算的，如实际平均燃油效率、目标油耗和相应的达标值。中国政府通过出台《乘用车燃料消耗量评价方法和指标》来确定达标值，未来，这一政策可以收紧或放宽达标值（会计年度要求的企业平均油耗）以规范汽车制造商在积分市场的表现，从而促进其降低产品的燃油效率。因此，尽管 δ 在本章节的研究中没有被定义为政府对燃料消耗的约束，但它仍然直接反映了 CAFC-积分规则的强度。

本部分关注的是电气化的投资时机问题。通过分析政策文件，两种积分规则都是通过调节两种车型之间的利润率差距来影响汽车制造商的决策。因此，本章节分析了 176 个参数组合，以确定和区分两种积分规则的影响。具体来说，如图 6.10（a）所示，在区间（0，4）内的 16 个不同 δ 的最佳时间，以叠加条形图的形式呈现。每个条形图的高度表示在 0~100% 不等的 11 个不同 λ 下投资时机的叠加值。从图 6.10（a）可以看出 δ 作为双积分政策中的一个强制性的燃料消耗约束，对促进电动化有明显的积极作用。具体来说，可以得出以下结论：如果没有有效的 CAFC 积分规则，大多数企业（基准模型主要考虑中型企业，也就是大多数汽车制造商）进行电动化的动力不足，最佳的投资时机将是 2020 年以后的 7~10 年。一般来说，随着政策的收紧，投资时机明显缩短。最终，当政策参数被过度扩展时（$\delta > 3$），这些企业将在一年内完成转型。

图 6.10（b）显示了 NEV-积分规则的效果 λ，结果显示其对推动汽车制造商的电动化进程也十分有效。具体来说，当 λ 分别等于 0、0.5 和 1 时，不同油耗水平的中型汽车制造商的平均最佳投资时间分别为 2020 年后的 5.01 年、3.38 年和 2.20 年。此外，通过比较两种积分规则的影响发现，虽然在大多数情况下，政府可以通过适度增加 CAFC-积分规则或 NEV-积分规则来促进电动化，但前者的效果可能更明显。此外，不同政策组合下的结果由图 6.11 中的三维曲面图和顶部截面图展示如下。从图 6.10 和图 6.11 中可以看出，虽然两种积分规则都旨在为电动化转型提供压力，但收紧它们并不一定有利于促进企业的电动化投资。因此，政策制定者必须认识到这两种积分规则对汽车制造商电动化转型过渡时间

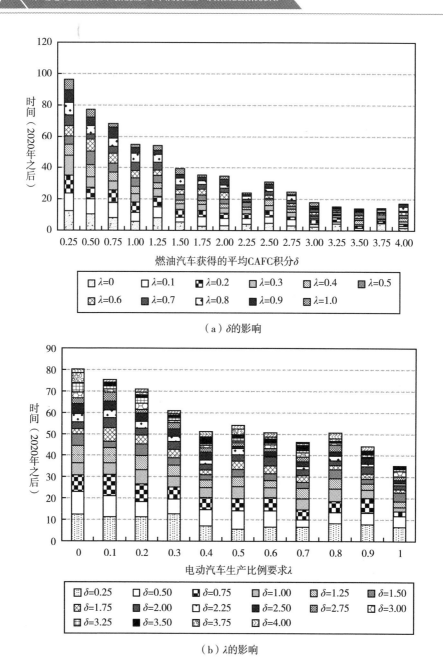

（a）δ的影响

（b）λ的影响

图 6.10　两个积分准则对最优电气化时机的影响

内的不同程度的影响，并在实际政策制定中优化和配合好这两个参数，
以更好地促进电气化实现。

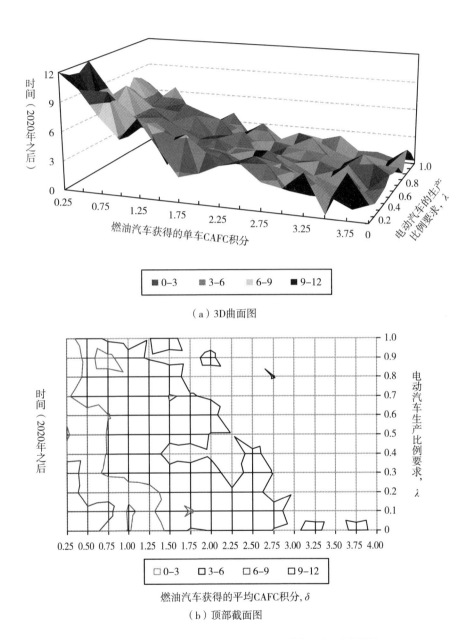

（a）3D曲面图

（b）顶部截面图

图6.11 双积分政策参数组合下的最优电气化择时决策结果

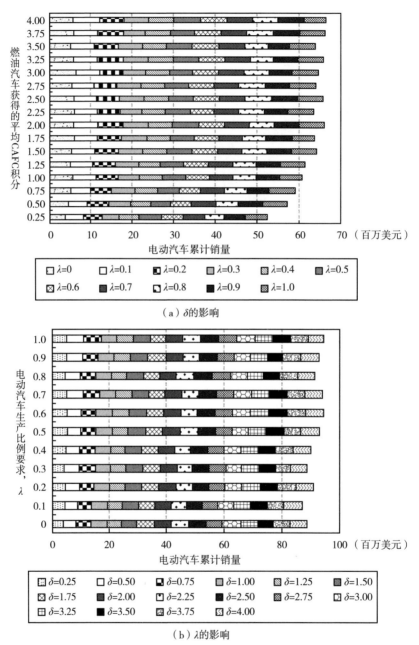

（a）δ 的影响

（b）λ 的影响

图 6.12　两个政策准则对电动汽车累计销量的影响

　　本章假设，政府的长期目标一般是使电动汽车的累计销量最大化。

图 6.12 显示了两个政策参数对这个目标的影响。与欧等和普泽斯米茨基

（Ou et al. and Przesmitzki，2018）的观点一致，可以看出，δ 在促进电动汽车累计销量方面发挥的作用要大于 λ。特别是在基准设定下，当约束条件收紧时，即 δ 从 0.25 变化到 4 时（这意味着达标值从目标油耗值的约 120% 收紧到约 70%），汽车制造商整个生命周期的累计电动汽车销量将增加约 44%，即从 448 万辆增加到 645 万辆。然而，当 λ 的值较高时，这种效果会被削弱。例如，当 λ≤0.5 时，收紧的 δ（从 0.25 变为 4）将使累计销量从 538 万辆提高到 641 万辆，增幅缩小到 20% 左右。与此相反，此时 λ 对累计销售额的影响相对较小。具体来说，在基准设定时，即使 λ 从 0 增加到 1，传统汽车制造商的累计销量也只从 588 万辆增加到 602 万辆。然而值得注意的是，当 δ=0.25 时，销量从 380 万辆增加到 520 万辆。一般对于生产节能型汽车的汽车制造商来说（δ<1），拟定的 NEV-积分规则仍然对其电动汽车的生产有重要的推动作用。鉴于 CAFC 积分额度和 NEV 积分额度之间的不对称转移关系（NEV 积分额度可以用来填补 CAFC 积分额度的不足，而 NEV 积分额度的不足不能由 CAFC 积分额度来填补），本章的研究结果表明，面对大量的高油耗汽车制造商，过度收紧的 NEV 积分额度规则可能不会促进新能源汽车行业的长期发展，反而会阻碍其发展。这一结果说明，在实践中，λ 收紧的速度慢于 δ。本章的研究结果还表明，CAFC-积分规则在促进电动汽车市场方面发挥了重要作用，而 NEV-积分规则主要是作为一种强制性的短期过渡性约束（汽车制造商只能按照要求生产一定数量的电动汽车，以防止生产高油耗汽车受到罚款甚至停产等处罚），就长期累计的电动汽车销量而言，其实施效果不如 CAFC-积分规则。

另外可以看到，δ 的促进作用随着 λ 的增加而下降，而 λ 的促进作用则随着 δ 的减少而增加。该结果表明，政策制定者应在政策实施的早期阶段适当收紧 CAFE-积分规则，放松 NEV-积分规则，而在政策实施的中期和后期阶段选择相反的策略。政府应灵活运用 λ 和 δ 的不同作用，在保证新能源汽车产业健康稳定发展的前提下，同时实现短期和长期目标。此外，"一刀切"的政策不一定是最优化的，因此，应该为具有不同燃料消耗的企业设定不同的 λ 值。例如，对高耗能企业设定相对宽松的 NEV-积分规则，而对低耗能企业则应设定相对严格的规则。总的来说，尽管一些研究已经探讨了这两个参数之间的差异，但本章的研究从一个新的、随时间变化的角度来定量确定这些影响，从而丰富了这个领域的研究。

本部分讨论政策协调策略，并确定最佳的政策参数值。在不同的政策组合下，电动汽车累计销量的变化由图 6.13 中的三维曲面图和顶视图展示。具体来说，本章节提供了一个政府决策过程的例子。考虑市场上所有的汽车制造商都是同质的，并且参数满足基准模型中的设置，假设政府的目标是追求理论上的最佳累计销量，那么最大的销售值是在 λ = 0 和 δ = 3 时，这时的累计销售额为 655 万辆。换句话说，基准设定中的政府应该放松新能源汽车的约束，而适度收紧燃油汽车的约束。然而，如果考虑到异质性，应该注意到 16 个不同的汽车制造商的累计销量与不同的燃料消耗水平 $[\delta \in (0,4)]$ 差异很大（最大值为 655 万辆，最小值为 381 万辆，标准差为 67 万辆），导致累计销量很低，为 8870 万辆。因此，组合 λ = 0.2 和 δ = 3.25 是一个可行的解决方案，其中最大值为 645 万辆，最小值为 448 万辆，标准差为 49 万辆，累计销售量为 9082 万辆。这个参数设置与现行双积分政策中 λ 和 δ 的动态调整的趋势一致。因此，本章节的分析有力地支持了当前的政策实践，并为未来的政策参数提供了理论基础。此外，本章节的数学模型可以为每个政府提供一个理论上的最佳政策参数组合。通过系统地计算该地区每个汽车制造商的生产规模、单位利润率和燃料消耗水平，可以从理论上确定双积分政策制度的最佳参数值。

如图 6.13 所示，虽然这两个政策参数总体上有利于电动汽车的销售，但它们相互之间可能存在着负面的影响。具体来说，当一个汽车制造商的油耗处于中等水平时（如 δ = 2），λ 的增加反而可能不利于其电动汽车产量的增长（累计销量从黄色变为蓝色）。因此，与单纯的 CAFC-积分规则对电动汽车累计销量的影响相比，不恰当的双积分政策更不利于促进销量的增长。在实践中，根据修订后的双积分政策，我国政府正在逐步

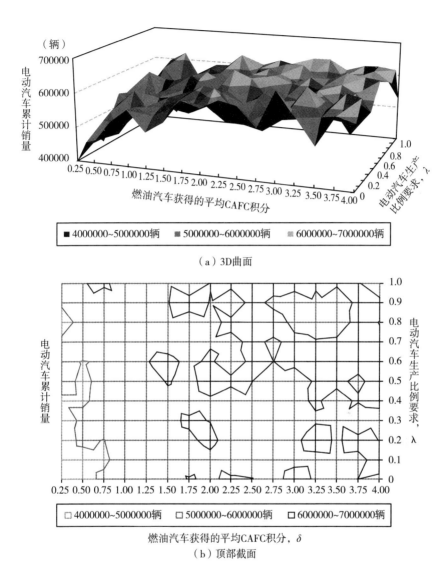

（a）3D曲面

（b）顶部截面

图6.13　不同双积分政策参数组合下的累计电动汽车销量

增加λ（从2021年的14%增加到2023年的18%），要求汽车公司加快生产新能源汽车，从而实现早前宣布的2025年新能源汽车渗透率达到20%的目标。然而，本书的研究指出，政府需要时刻保持警惕，并且准备相应地放宽CAFC-积分规则（通过增加达标值来缓解汽车制造商的燃料消耗压力），或者严谨地确定逐年上调的λ。否则，就会导致汽车制造商为追求利润最大化而进行策略转移，最终导致在更严格的政策下，电动汽车的累计销量反而下降。总的来说，本书的模型为政府确定具体参数提供了强有力的理论支持。

6.4　本章小结

随着政府补贴的逐步取消，中国新能源汽车产业的压力剧增，许多新兴新能源汽车企业的产销量难以持续增长，产业的进一步发展仍基于传统汽车厂商的新能源汽车技术的研发和市场转型。与此同时，通过积分管理和交易形成的市场化双积分政策，由于机制的缺陷，难以实现其初衷。因此，本章研究以传统汽车企业的电气化转型决策为研究对象，考虑双积分政策和企业的相关参数，对企业利润、研发决策、政策引导机制、政策优化策略等进行详细研究，以补充有关该领域的知识空白。首先，对于面临负积分困境的传统汽车企业，本章研究提出了一个基于终身利润净现值评估理论下的电动化决策模型，该模型包含三个指标：投资时机 T、研发强度 v，以及产品线分配 θ。由于这个组合优化问题的复杂性，本章开发了一种遗传算法来寻求最优的数值解决方案。其次，本章确定了关键参数的影响。最后，本章讨论了对双积分政策制定和对汽车制造商管理的影响和建议。综上所述，本章对传统汽车制造商的电动化转型过程进行了全面的研究。主要的研究结果如下所示。

首先，在设备更换和净现值理论的基础上，本章提出了双积分政策下的传统汽车企业电动化决策模型。本章细致地列举了传统燃油汽车企业电动化运营管理的基本特征，完善了现有决策模型未考虑的内容，如复杂的决策结构、新的政策、与时间相关的参数等，并建立了双积分政策制度特征与电动化决策之间的逻辑关系。该模型及其参数设置可为后续研究提供可靠的理论参考。

其次，依靠遗传算法，本章有效地解决了涉及三个指标的并行优化问题，定量地揭示了政府政策下传统汽车制造商的最佳电动化决策。数值结果显示，双积分政策必然会导致传统汽车制造商的电动化转型。此外，本章描述了双积分政策对不同规模企业的影响的显著差异。在目前的积分价格下，中等规模的汽车制造商进行电动化转型并不是最佳选择。本章的研究结果还表明，电动汽车的高利润率可以促进企业电动化发展，而积分价格的快速上涨和每生产一辆电动汽车所获得的过多积分并不一定有利于加速新能源汽车投资，反而会诱使汽车制造商推迟投资，同时增大研发强度。

具体而言，本章研究的数据结果表明，更严格的政策不一定会诱导企业转型，而是会推迟企业转型的决定。同时，中型汽车企业在政府政策下的快速转型通常伴随着密集的研发投入，这意味着双积分政策将有效促进新能源汽车产业的高质量发展。政策制定者必须考虑产出和质量的协调发展，合理调节政策参数。此外，对企业参数的分析可以为双积分政策下特定传统汽车制造商的电动化转型提供实际的决策指导。

最后，本章将政府视为决策者，并假定政府的目标是使电动汽车的累计销量最大化。基于这一目标，本章探讨了不同政策参数和协调策略的影响。通过确定和比较176种政策组合的影响发现，NEV-积分规则主要在迫使汽车制造商生产新能源汽车方面发挥短期作用，而CAFC-积分规则比NEV-积分规则在长期销售量方面有更大的影响。本书的模型可以为政府提供最佳的可行性政策优化方案。此外，本书的研究结果表明，尽管在大多数情况下，各政策参数之间有相互促进的作用，但也存在相互抵消。因此，当政府考虑调整双积分政策的某个参数时，如收紧NEV-积分规则，本书的模型可以帮助政府分析确定CAFC-积分规则是否需要相应放宽。否则便可能会引起汽车制造商的普遍策略转移，从而违背了政策修正的初衷。其他数值结果也为现实情况下新能源汽车企业经营管理和政府双积分政策的修正和参数协调提供了具体建议。

参考文献

［1］2019 年度中国乘用车企业平均燃料消耗量与新能源汽车积分情况发布 ［Z］. 中国质量新闻网，2020 – 07 – 02.

［2］2021 年中国新能源汽车产销现状、细分市场及竞争格局分析 2020 年产销量将近 140 万辆 ［EB/OL］. 前瞻经济学产业研究院，2021 – 06 – 03.

［3］安同良，周绍东，皮建才 . R&D 补贴对中国企业自主创新的激励效应 ［J］. 经济研究，2009，10 （87）：87 – 98，120.

［4］财政部 . 关于继续开展新能源汽车推广应用工作的通知 ［Z］. 中华人民共和国中央人民政府网站，2013 – 09 – 17.

［5］陈洪转，齐慧娟 . 新能源汽车财政补贴政策监管演化稳定性分析 ［J］. 工业技术经济，2019，2.

［6］丁芸，张天华 . 促进新能源汽车产业发展的财税政策效应研究 ［J］. 税务研究，2014 （9）：16 – 20.

［7］高倩，范明，杜建国 . 政府补贴对新能源汽车企业影响的演化研究 ［J］. 科技管理研究，2014，34 （11）：75 – 79.

［8］工信部 . 2019 年中国乘用车企业平均油耗和新能源汽车积分核算 ［Z］. 中华人民共和国中央人民政府网，2020 – 07 – 02.

［9］工信部 . 乘用车企业平均燃料消耗量和新能源汽车积分并行管理办法 ［Z］. 中华人民共和国中央人民政府网站，2017 – 09 – 28.

［10］工信部 . 乘用车企业平均燃料消耗量和新能源汽车积分并行管理办法 （修订版）［Z］. 中华人民共和国中央人民政府网站，2020 – 06 – 15.

［11］工信部 . 乘用车燃料消耗量评价方法及指标 ［Z］. 中华人民共

和国中央人民政网站，2014 – 01 – 21.

［12］工信部．新能源汽车产业发展规划（2021 – 2035）（征求意见稿）［Z］．中华人民共和国中央人民政府网站，2020 – 10 – 20.

［13］公安部．2021 年全国机动车保有量达 3.95 亿 新能源汽车同比增 59.25%［Z］．中华人民共和国中央人民政府网站，2022 – 01 – 12.

［14］郭传慧，付铁军，赵斌，等．双积分考核下国内车企新能源产品战略研究［J］．汽车技术，2018（4）：58 – 62.

［15］国家统计局．中国 2013 年统计年鉴［M］．北京：中国统计出版社，2013.

［16］国务院．国务院关于印发节能与新能源汽车产业发展规划（2012 — 2020 年）的通知［Z］．中华人民共和国中央人民政府网站，2012 – 07 – 09.

［17］李军，王善勇，范进，等．个人碳交易机制对消费者能源消费影响研究［J］．系统工程理论与实践，2016，36（1）：77 – 85.

［18］李奇伟．中国碳排放权交易试点履约期的市场特征与政策启示［J］．中国科技论坛，2015（5）：128 – 134.

［19］李万福，林斌，杜静．中国 R&D 税收优惠政策的激励效应研究［J］．管理世界，2013（6）：174 – 175.

［20］李文鹅．后补贴时代复合牵引机制下新...上下游企业合作创新博弈分析［J］．软科学，2021（1）：81 – 88.

［21］李旭，熊勇清．"双积分"政策对新能源车企研发投入的影响分析［J］．科学学研究，2021，39（10）：1770.

［22］刘德兴．乘用车双积分管理方法的研究［J］．汽车实用技术，2018，15：272 – 274.

［23］柳光强．税收优惠，财政补贴政策的激励效应分析——基于信息不对称理论视角的实证研究［J］．管理世界，2016（10）：62 – 71.

［24］卢超，闫俊琳．考虑"双积分"交易的双寡头新能源车企研发博弈［J］．工业技术经济，2019，38（1）：67 – 73.

［25］陆国庆，王舟，张春宇．中国战略性新兴产业政府创新补贴的绩效研究［J］．经济研究，2014，49（7）：44－55．

［26］马亮，郭鹏辉．双积分制下新能源汽车产业链续航能力决策研究［J］．科技管理研究，2019，23．

［27］欧训民，张希良，覃一宁，等．未来煤电驱动电动汽车的全生命周期分析［J］．煤炭学报，2010（1）：169－172．

［28］沈满洪，钱水苗，冯元群．排污权交易机制研究［M］．北京：中国环境科学出版社，2009．

［29］孙慧芳，王阳．"双积分"政策下新能源汽车供应链横向竞合研发博弈［J］．数学的实践与认识，2020（22）：67－77．

［30］唐金环，杨芳，徐家旺，等．双积分制下考虑消费者偏好的二级汽车供应链生产与定价问题研究［J］．工业工程与管理，2021（1）：121－129．

［31］温雅茹．新能源汽车购买中消费者感知风险对购买意愿的影响研究［D］．南宁：广西大学，2017．

［32］温泽华．新能源政策的市场化改革对企业价值的影响——基于"双积分"政策的证据［J］．绿色财会，2020（6）：40－49．

［33］谢梦，庞守林，彭佳．政府补贴与新能源汽车企业研发投资——基于交换期权的演化博弈分析［J］．科技管理研究，2017（7）：144－150．

［34］熊勇清，陈曼琳．新能源汽车需求市场培育的政策取向：供给侧抑或需求侧［J］．中国人口资源与环境，2016（5）：129－137．

［35］余梦仙，姚俭．基于博弈论的汽车企业"双积分"政策问题研究［J］．经济研究导刊，2018（16）：7－10．

［36］张奇，李曜明，唐岩岩，等．新能源汽车"双积分"政策对生产商策略与社会福利影响研究［J］．系统工程理论与实践，2020，40（1）：150－169．

［37］张同斌，高铁梅．财税政策激励，高新技术产业发展与产业结构调整［J］．经济研究，2012（5）：58－70．

［38］张永安,周怡园. 新能源汽车补贴政策工具挖掘及量化评价
［J］. 中国人口资源与环境, 2017, 27 (10): 188 - 197.

［39］郑吉川,赵骅,李志国. 双积分政策下新能源汽车产业研发补
贴研究 ［J］. 科研管理, 2019 (2): 126 - 133.

［40］周燕,潘遥. 财政补贴与税收减免——交易费用视角下的新能
源汽车产业政策分析 ［J］. 管理世界, 2019, 35 (10): 133 - 149.

［41］Abadie L. M. , Chamorro J. M. European CO_2 prices and carbon
capture investments ［J］. Energy Economics, 2008, 30 (6): 2992 - 3015.

［42］Abdi A. , Taghipour S. An optimization model for fleet management
with economic and environmental considerations, under a cap-and-trade market
［J］. Journal of Cleaner Production, 2018, 204: 130 - 143.

［43］Adepetu A. , Keshav S. The relative importance of price and driving
range on electric vehicle adoption: Los Angeles case study ［J］. Transporta-
tion, 2017, 44 (2): 353 - 373.

［44］Afroz R. , Masud M. M. , Akhtar R. , et al. Consumer purchase in-
tention towards environmentally friendly vehicles: an empirical investigation in
Kuala Lumpur, Malaysia ［J］. Environmental Science Pollution Research,
2015, 22 (20): 16153 - 16163.

［45］Ahani P. , Arantes A. , Melo S. A portfolio approach for optimal
fleet replacement toward sustainable urban freight transportation ［J］. Transpor-
tation Research Part D: Transport and Environment, 2016, 48: 357 - 368.

［46］Ahmed S. B. Optimal equipment replacement policy: an empirical
study ［J］. Journal of Transport Economics Policy, 1973: 71 - 79.

［47］Ba S. , Lisic L. L. , Liu Q. , et al. Stock market reaction to green
vehicle innovation ［J］. Production Operations Management, 2013, 22 (4):
976 - 990.

［48］Bahamonde-birke F. J. Who will bell the cat? On the environmental
and sustainability risks of electric vehicles ［J］. Transportation Research Part

A: Policy and Practice, 2020, 133: 79 –81.

[49] Barker T. The economics of avoiding dangerous climate change [M]. Green Economy Reader. Springer. 2017: 237 –263.

[50] Beck M. J. , Rose J. M. , Hensher D. A. Environmental attitudes and emissions charging: An example of policy implications for vehicle choice [J]. Transportation Research Part A: Policy and Practice, 2013, 50: 171 –182.

[51] Bergek A. , Berggren C. , Group K. R. The impact of environmental policy instruments on innovation: A review of energy and automotive industry studies [J]. Ecological Economics, 2014, 106: 112 –123.

[52] Bertinelli L. , Camacho C. , Zou B. Carbon capture and storage and transboundary pollution: A differential game approach [J]. European Journal of Operational Research, 2014, 237 (2): 721 –728.

[53] Bhardwaj C. , Axsen J. , Mccollum D. Simulating automakers' response to zero emissions vehicle regulation [J]. Transportation Research Part D: Transport and Environment, 2021, 94: 102789.

[54] Bird J. , Lockwood M. Plan B: The prospects for personal carbon trading [M]. Institute for Public Policy Research, 2009.

[55] Bohm P. Pollution, purification and the theory of external effects [J]. The Swedish Journal of Economics, 1970: 153 –166.

[56] Bohnsack R. Local niches and firm responses in sustainability transitions: The case of low-emission vehicles in China [J]. Technovation, 2018, 70: 20 –32.

[57] Bolduc D. , Boucher N. , Alvarez-Daziano R. Hybrid choice modeling of new technologies for car choice in Canada [J]. Transportation Research Record, 2008, 2082 (1): 63 –71.

[58] Bottrill C. Personal carbon trading: excluding public transportation [J]. UK Energy Research Centre, 2006.

［59］ Boudart J. , Figliozzi M. Key variables affecting decisions of bus re-placement age and total costs ［J］. Transportation Research Record, 2012, 2274 (1): 109 – 113.

［60］ Bovenberg A. L. , De Mooij R. A. Environmental levies and distor-tionary taxation ［J］. The American Economic Review, 1994, 84 (4): 1085 – 1089.

［61］ Bristow A. L. , Wardman M. , Zanni A. M. , et al. Public accepta-bility of personal carbon trading and carbon tax ［J］. Ecological Economics, 2010, 69 (9): 1824 – 1837.

［62］ Brohé A. Personal carbon trading in the context of the EU Emissions Trading Scheme ［J］. Climate Policy, 2010, 10 (4): 462 – 476.

［63］ Byun H. , Shin J. , Lee C-Y. Using a discrete choice experiment to predict the penetration possibility of environmentally friendly vehicles ［J］. En-ergy, 2018, 144: 312 – 321.

［64］ Caam. China Association of Automobile Manufactures ［J］. 2016.

［65］ Cachon G. P. , Kök A. G. Implementation of the newsvendor model with clearance pricing: How to (and how not to) estimate a salvage value ［J］. Manufacturing & Service Operations Management, 2007, 9 (3): 276 – 290.

［66］ Capata R. , Coccia A. , Lora M. A proposal for CO_2 abatement in urban areas: the UDR1 – Lethe© turbo-hybrid vehicle ［J］. Energies, 2011, 4 (3): 368 – 388.

［67］ Capstick S. B. , Lewis A. Effects of personal carbon allowances on decision-making: evidence from an experimental simulation ［M］. Personal Carbon Trading. Routledge. 2017: 369 – 384.

［68］ Carpenter T. , Curtis A. R. , Keshav S. The return on investment for taxi companies transitioning to electric vehicles ［J］. Transportation, 2014, 41 (4): 785 – 818.

［69］ Chellappa R. K. , Mehra A. Cost drivers of versioning: Pricing and product line strategies for information goods [J]. Management Science, 2018, 64 (5): 2164 - 2180.

[70] Chen K., Zhao F., Hao H., et al. Synergistic impacts of China's subsidy policy and new energy vehicle credit regulation on the technological development of battery electric vehicles [J]. Energies, 2018, 11 (11): 3193.

[71] Cheng Y., Fan T. Production coopetition strategies for an FV automaker and a competitive NEV automaker under the dual-credit policy [J]. Omega, 2021, 103: 102391.

[72] Coad A., De Haan P., Woersdorfer J. S. Consumer support for environmental policies: An application to purchases of green cars [J]. Ecological Economics, 2009, 68 (7): 2078 - 2086.

[73] Conrad K. Price competition and product differentiation when goods have network effects [J]. German Economic Review, 2006, 7 (3): 339 - 361.

[74] Curran M. Valuing Asian and portfolio options by conditioning on the geometric mean price [J]. Management science, 1994, 40 (12): 1705 - 1711.

[75] Dagher G., Itani O. The influence of environmental attitude, environmental concern and social influence on green purchasing behavior [J]. Review of Business Research, 2012, 12 (2): 104 - 111.

[76] Davari A., Strutton D. Marketing mix strategies for closing the gap between green consumers' pro-environmental beliefs and behaviors [J]. Journal of Strategic Marketing, 2014, 22 (7): 563 - 586.

[77] Davis L. W., Kahn M. E. International trade in used vehicles: The environmental consequences of NAFTA [J]. American Economic Journal: Economic Policy, 2010, 2 (4): 58 - 82.

[78] De Rubens G. Z. Who will buy electric vehicles after early adopters? Using machine learning to identify the electric vehicle mainstream market

[J]. Energy, 2019, 172: 243 –254.

[79] Dixit A. K. , Pindyck R. S. Investment under uncertainty princeton univ [J]. Princeton press, New Jersey, 1994.

[80] Edwards M. W. An Analysis of Green Purchasing Behavior: Hybrid-Electric Vehicle Adoption at the State Level [J]. Economics Business Journal: Inquiries Perspectives, 2010, 3 (1): 172 –184.

[81] Erdem C. , Şentürk İ. , Şimşek T. Identifying the factors affecting the willingness to pay for fuel-efficient vehicles in Turkey: A case of hybrids [J]. Energy Policy, 2010, 38 (6): 3038 –3043.

[82] Evans J. Replacement, obsolescence and modifications of ships [J]. Maritime Policy Management, 1989, 16 (3): 223 –231.

[83] Ewing G. O. , Sarigöllü E. Car fuel-type choice under travel demand management and economic incentives [J]. Transportation Research Part D: Transport and Environment, 1998, 3 (6): 429 –444.

[84] Fan J. , He H. , Wu Y. Personal carbon trading and subsidies for hybrid electric vehicles [J]. Economic Modelling, 2016, 59: 164 –173.

[85] Farmer A. , Breazeale M. , Stevens J. L. , et al. Eat green, get lean: Promoting sustainability reduces consumption [J]. Journal of Public Policy Marketing, 2017, 36 (2): 299 –312.

[86] Fawcett T. Personal carbon trading: A policy ahead of its time? [J]. Energy Policy, 2010, 38 (11): 6868 –6876.

[87] Feng W. , Figliozzi M. Vehicle technologies and bus fleet replacement optimization: Problem properties and sensitivity analysis utilizing real-world data [J]. Public Transport, 2014, 6 (1): 137 –157.

[88] Figliozzi M. A. , Boudart J. A. , Feng W. Economic and environmental optimization of vehicle fleets: impact of policy, market, utilization and technological factors [J]. Transportation Research Record, 2011, 2252 (1): 1 –6.

［89］ Fisher M. , Raman A. Reducing the cost of demand uncertainty through accurate response to early sales ［J］. Operations research, 1996, 44 (1): 87 – 99.

［90］ Fontaras G. , Pistikopoulos P. , Samaras Z. Experimental evaluation of hybrid vehicle fuel economy and pollutant emissions over real-world simulation driving cycles ［J］. Atmospheric Environment, 2008, 42 (18): 4023 – 4035.

［91］ Goulder L. H. Climate change policy's interactions with the tax system ［J］. Energy Economics, 2013, 40: S3 – S11.

［92］ Graham-rowe E. , Gardner B. , Abraham C. , et al. Mainstream consumers driving plug-in battery-electric and plug-in hybrid electric cars: A qualitative analysis of responses and evaluations ［J］. Transportation Research Part A: Policy and Practice, 2012, 46 (1): 140 – 153.

［93］ Grubbström R. W. A net present value approach to safety stocks in planned production ［J］. International Journal of Production Economics, 1998, 56: 213 – 229.

［94］ Gur K. , Chatzikyriakou D. , Baschet C. , et al. The reuse of electrified vehicle batteries as a means of integrating renewable energy into the European electricity grid: A policy and market analysis ［J］. Energy Policy, 2018, 113: 535 – 545.

［95］ Gurnani H. , Erkoc M. , Luo Y. Impact of product pricing and timing of investment decisions on supply chain co-opetition ［J］. European Journal of Operational Research, 2007, 180 (1): 228 – 248.

［96］ Hadley S. W. , Tsvetkova A. A. Potential impacts of plug-in hybrid electric vehicles on regional power generation ［J］. The Electricity Journal, 2009, 22 (10): 56 – 68.

［97］ Han L. , Wang S. , Zhao D. , et al. The intention to adopt electric vehicles: Driven by functional and non-functional values ［J］. Transportation

Research Part A: Policy and Practice, 2017, 103: 185 – 197.

[98] Hao H. , Ou X. , Du J. , et al. China's electric vehicle subsidy scheme: Rationale and impacts [J]. Energy Policy, 2014, 73: 722 – 732.

[99] Hartman J. C. , Murphy A. Finite-horizon equipment replacement analysis [J]. IIE transactions, 2006, 38 (5): 409 – 419.

[100] Harwatt H. , Tight M. , Bristow A. L. , et al. Personal Carbon Trading and fuel price increases in the transport sector: an exploratory study of public response in the UK [J]. European Transport, 2011, 47 (16): 47 – 70.

[101] He H. , Fan J. , Li Y. , et al. When to switch to a hybrid electric vehicle: A replacement optimisation decision [J]. Journal of Cleaner Production, 2017, 148: 295 – 303.

[102] He H. , Wang C. , Wang S. , et al. Does environmental concern promote EV sales? Duopoly pricing analysis considering consumer heterogeneity [J]. Transportation Research Part D: Transport and Environment, 2021, 91: 102695.

[103] He X. , Ou S. , Gan Y. , et al. Greenhouse gas consequences of the China dual credit policy [J]. Nature Communications, 2020, 11 (1): 1 – 10.

[104] Heffner R. R. , Kurani K. S. , Turrentine T. S. Symbolism in California's early market for hybrid electric vehicles [J]. Transportation Research Part D: Transport and Environment, 2007, 12 (6): 396 – 413.

[105] Helm C. International emissions trading with endogenous allowance choices [J]. Journal of Public Economics, 2003, 87 (12): 2737 – 2747.

[106] Heydari S. , Ovenden N. , Siddiqui A. Real options analysis of investment in carbon capture and sequestration technology [J]. Computational Management Science, 2012, 9 (1): 109 – 138.

[107] Hirte G. , TscharaktschieW. S. The optimal subsidy on electric

vehicles in German metropolitan areas: A spatial general equilibrium analysis [J]. Energy Economics, 2013, 40: 515 – 528.

[108] Hobbs B. F., Bushnell J., Wolak F. A. Upstream vs. downstream CO_2 trading: A comparison for the electricity context [J]. Energy Policy, 2010, 38 (7): 3632 – 3643.

[109] Hou Y., Huang T., Wen Z., et al. Metal-organic framework-derived nitrogen-doped core-shell-structured porous nanoboxes supported on graphene sheets for efficient oxygen reduction reactions [J]. Advanced Energy Materials, 2014, 4 (11): 1400337.

[110] Hsu C-I., Li H-C., Lu S-M. A dynamic marketing model for hybrid electric vehicles: A case study of Taiwan [J]. Transportation Research Part D: Transport and Environment, 2013, 20: 21 – 29.

[111] Huo H., Wang M. Modeling future vehicle sales and stock in China [J]. Energy Policy, 2012, 43: 17 – 29.

[112] Islam A., Lownes N. When to go electric? A parallel bus fleet replacement study [J]. Transportation Research Part D: Transport and Environment, 2019, 72: 299 – 311.

[113] Ito N., Takeuchi K., Managi S. Willingness-to-pay for infrastructure investments for alternative fuel vehicles [J]. Transportation Research Part D: Transport and Environment, 2013, 18: 1 – 8.

[114] Jagers S. C., Löfgren Å., Stripple J. Attitudes to personal carbon allowances: political trust, fairness and ideology [J]. Climate Policy, 2010, 10 (4): 410 – 431.

[115] Jamasb T., Kohler J. Learning curves for energy technology: a critical assessment [J]. 2007.

[116] Jang D-C., Kim B., Lee S-Y. A two-sided market platform analysis for the electric vehicle adoption: Firm strategies and policy design [J]. Transportation Research Part D: Transport and Environment, 2018, 62: 646 –

658.

[117] Jenn A. , Azevedo I. L. , Michalek J. J. Alternative-fuel-vehicle policy interactions increase US greenhouse gas emissions [J]. Transportation Research Part A: Policy and Practice, 2019, 124: 396 – 407.

[118] Jeon C. , Yoo J. , Choi M. K. The effect of social influence on consumers' hybrid electric vehicles adoption in Korea and China; proceedings of the 2012 14th International Conference on Advanced Communication Technology (ICACT), F, 2012 [C]. IEEE.

[119] Jin D. , Kite-powell H. L. Optimal fleet utilization and replacement [J]. Transportation Research Part E: Logistics and Transportation Review, 2000, 36 (1): 3 – 20.

[120] Johnson M. P. Environmental impacts of urban sprawl: a survey of the literature and proposed research agenda [J]. Environment and Planning A, 2001, 33 (4): 717 – 735.

[121] Jullien B. , Pardi T. Structuring new automotive industries, restructuring old automotive industries and the new geopolitics of the global automotive sector [J]. International Journal of Automotive Technology Management, 2013, 13 (2): 96 – 113.

[122] Jäger-waldau A. , Kougias I. , Taylor N. , et al. How photovoltaics can contribute to GHG emission reductions of 55% in the EU by 2030 [J]. Renewable Sustainable Energy Reviews, 2020, 126: 109836.

[123] Kahneman D. Prospect theory: An analysis of decisions under risk [J]. Econometrica, 1979, 47: 278.

[124] Klier T. , Linn J. The Price of Gasoline and the Demand for Fuel Efficiency: Evidence from Monthly New Vehicles Sales Data [J]. University of Illinois at Chicago, 2008.

[125] Kollmuss A. , Agyeman J. Mind the gap: why do people act environmentally and what are the barriers to pro-environmental behavior? [J]. En-

vironmental Education Research, 2002, 8 (3): 239 – 260.

[126] Krupa J. S. , Rizzo D. M. , Eppstein M. J. , et al. Analysis of a consumer survey on plug-in hybrid electric vehicles [J]. Transportation Research Part A: Policy and Practice, 2014, 64: 14 – 31.

[127] Köszegi B. , Rabin M. A model of reference-dependent preferences [J]. The Quarterly Journal of Economics, 2006, 121 (4): 1133 – 1165.

[128] Lahiri S. , Ono Y. Helping minor firms reduces welfare [J]. The Economic Journal, 1988, 98 (393): 1199 – 1202.

[129] Lammert M. Long beach transit: two-year evaluation of gasoline-electric hybrid transit buses [R]: National Renewable Energy Lab. (NREL), Golden, CO (United States), 2008.

[130] Lane B. , Potter S. The adoption of cleaner vehicles in the UK: exploring the consumer attitude – action gap [J]. Journal of Cleaner Production, 2007, 15 (11 – 12): 1085 – 1092.

[131] Lane C. , Harris B. , Roberts S. An analysis of the technical feasibility and potential cost of a personal carbon trading scheme: A report to the Department for Environment, Food and Rural Affairs [J]. Accenture, with the Centre for Sustainable Energy Defra, London, 2008.

[132] Lave L. B. , Maclean H. L. An environmental-economic evaluation of hybrid electric vehicles: Toyota's Prius vs. its conventional internal combustion engine Corolla [J]. Transportation Research Part D: Transport and Environment, 2002, 7 (2): 155 – 162.

[133] Lei L. , Zhong Z. , Lin C. , et al. Operator controlled device-to-device communications in LTE-advanced networks [J]. IEEE Wireless Communications, 2012, 19 (3): 96 – 104.

[134] Lenski S. M. , Keoleian G. A. , Bolon K. M. The impact of "Cash for Clunkers" on greenhouse gas emissions: a life cycle perspective [J]. Environmental Research Letters, 2010, 5 (4): 044003.

[135] Li J. , Jiao J. , Tang Y. Analysis of the impact of policies intervention on electric vehicles adoption considering information transmission—based on consumer network model [J]. Energy Policy, 2020, 144: 111560.

[136] Li J. , Ku Y. , Yu Y. , et al. Optimizing production of new energy vehicles with across-chain cooperation under China's dual credit policy [J]. Energy, 2020, 194: 116 – 832.

[137] Li S. , Linn J. , Spiller E. Evaluating "Cash-for-Clunkers": Program effects on auto sales and the environment [J]. Journal of Environmental Economics Management, 2013, 65 (2): 175 – 193.

[138] Li W. , Long R. , Chen H. , et al. Effects of personal carbon trading on the decision to adopt battery electric vehicles: Analysis based on a choice experiment in Jiangsu, China [J]. Applied Energy, 2018, 209: 478 – 488.

[139] Li Y. , Zeng B. , Wu T. , et al. Effects of urban environmental policies on improving firm efficiency: Evidence from Chinese new energy vehicle firms [J]. Journal of Cleaner Production, 2019, 215: 600 – 610.

[140] Li Y. , Zhang Q. , Li H. , et al. The impact of dual-credit scheme on the development of the new energy vehicle industry [J]. Energy Procedia, 2019, 158: 4311 – 4317.

[141] Li Y. , Zhang Q. , Tang Y. , et al. Dynamic optimization management of the dual-credit policy for passenger vehicles [J]. Journal of Cleaner Production, 2020, 249: 119384.

[142] Li Z. , Liu Y. An analysis of R&D competence and development trend of China's new energy vehicle industry; proceedings of the 2018 5th International Conference on Industrial Economics System and Industrial Security Engineering (IEIS), F, 2018 [C]. IEEE.

[143] Li Z. , Ouyang M. The pricing of charging for electric vehicles in China—Dilemma and solution [J]. Energy, 2011, 36 (9): 5765 – 5778.

[144] Lin B. , Wu W. Why people want to buy electric vehicle: An empirical study in first-tier cities of China [J]. Energy Policy, 2018, 112: 233 – 241.

[145] Liu H-C. , You X-Y. , Xue Y-X. , et al. Exploring critical factors influencing the diffusion of electric vehicles in China: A multi-stakeholder perspective [J]. Research in Transportation Economics, 2017, 66: 46 – 58.

[146] Lockwood B. , Whalley J. Carbon-motivated border tax adjustments: old wine in green bottles? [J]. World Economy, 2010, 33 (6): 810 – 819.

[147] Lorentziadis P. L. , Vournas S. G. A quantitative model of accelerated vehicle-retirement induced by subsidy [J]. European Journal of Operational Research, 2011, 211 (3): 623 – 629.

[148] Lou G. , Ma H. , Fan T. , et al. Impact of the dual-credit policy on improvements in fuel economy and the production of internal combustion engine vehicles [J]. Resources, Conservation & Recycling, 2020, 156: 104 – 712.

[149] Lu C. , Tong Q. , Liu X. The impacts of carbon tax and complementary policies on Chinese economy [J]. Energy Policy, 2010, 38 (11): 7278 – 7285.

[150] Ma H. , Lou G. , Fan T. , et al. Conventional automotive supply chains under China's dual-credit policy: fuel economy, production and coordination [J]. Energy Policy, 2021, 151: 112166.

[151] Matthews L. Upstream, downstream: the importance of psychological framing for carbon emission reduction policies [J]. Climate Policy, 2010, 10 (4): 477 – 480.

[152] Mcdonald A. , Schrattenholzer L. Learning curves and technology assessment [J]. International Journal of Technology Management, 2002, 23 (7 – 8): 718 – 745.

[153] Mcdonald R. , Siegel D. The value of waiting to invest [J]. The Quarterly Journal of Economics, 1986, 101 (4): 707 –727.

[154] Mosiño A. Investing in the environment: essays on energy efficiency and on the substitution of resources [D]; Grenoble, 2012.

[155] Mukherjee S. C. Boosting renewable energy technology uptake in Ireland: A machine learning approach [R]. UCD Centre for Economic Research Working Paper Series, 2020.

[156] Nijhuis J. , Van Den Burg S. Consumer-oriented strategies in new car purchasing; proceedings of the Conference Proceedings [C]. Workshop of the Sustainable Consumption Research Exchange (SCORE) Network Cases in Sustainable Consumption and Production, Paris F. , 2007.

[157] Nishihara M. Hybrid or electric vehicles? A real options perspective [J]. Operations Research Letters, 2010, 38 (2): 87 –93.

[158] Okada E. M. Trade-ins, mental accounting, and product replacement decisions [J]. Journal of Consumer Research, 2001, 27 (4): 433 –446.

[159] Ou S. , Hao X. , Lin Z. , et al. Light-duty plug-in electric vehicles in China: An overview on the market and its comparisons to the United States [J]. Renewable Sustainable Energy Reviews, 2019, 112: 747 –761.

[160] Ou S. , Lin Z. , He X. , et al. Forecasting the Impact of Dual-credit Policy (2021 – 2023) on China's Electric Vehicle Market [R]: Oak Ridge National Lab. (ORNL), Oak Ridge, TN (United States), 2020.

[161] Ou S. , Lin Z. , Qi L. , et al. The dual-credit policy: Quantifying the policy impact on plug-in electric vehicle sales and industry profits in China [J]. Energy Policy, 2018, 121: 597 –610.

[162] Peng H-G. , Shen K-W. , He S-S. , et al. Investment risk evaluation for new energy resources: An integrated decision support model based on regret theory and ELECTRE III [J]. Energy Conversion Management, 2019, 183: 332 –348.

［163］Pereirinha P. G. , González M. , Carrilero I. , et al. Main trends and challenges in road transportation electrification ［J］. Transportation Research Procedia, 2018, 33: 235 – 242.

［164］Pezzey J. C. Emission taxes and tradeable permits a comparison of views on long-run efficiency ［J］. Environmental Resource Economics, 2003, 26 (2): 329 – 342.

［165］Pindyck R. S. Optimal timing problems in environmental economics ［J］. Journal of Economic Dynamics, 2002, 26 (9 – 10): 1677 – 1697.

［166］Pindyck R. S. The long-run evolutions of energy prices ［J］. The Energy Journal, 1999, 20 (2).

［167］Pizer W. A. Combining price and quantity controls to mitigate global climate change ［J］. Journal of Public Economics, 2002, 85 (3): 409 – 434.

［168］Pohl H. Japanese automakers' approach to electric and hybrid electric vehicles: from incremental to radical innovation ［J］. International Journal of Technology Management, 2012, 57 (4): 266 – 288.

［169］Potoglou D. , Kanaroglou P. S. Household demand and willingness to pay for clean vehicles ［J］. Transportation Research Part D: Transport and Environment, 2007, 12 (4): 264 – 274.

［170］Raux C. , Marlot G. A system of tradable CO_2 permits applied to fuel consumption by motorists ［J］. Transport Policy, 2005, 12 (3): 255 – 265.

［171］Ren J. New energy vehicle in China for sustainable development: analysis of success factors and strategic implications ［J］. Transportation Research Part D: Transport and Environment, 2018, 59: 268 – 288.

［172］Romm J. The car and fuel of the future ［J］. Energy Policy, 2006, 34 (17): 2609 – 2614.

［173］Rossini M. , Ciarapica F. E. , Matt D. T. , et al. A preliminary study on the changes in the Italian automotive supply chain for the introduction of electric vehicles [J]. Journal of Industrial Engineering, 2016, 9 (2): 450 – 486.

[174] Rozenberg J. , Hallegatte S. , Perrissin-fabert B. , et al. Funding low-carbon investments in the absence of a carbon tax [J]. Climate Policy, 2013, 13 (1): 134 – 141.

[175] Rubin E. S. , Chen C. , Rao A. B. Cost and performance of fossil fuel power plants with CO_2 capture and storage [J]. Energy Policy, 2007, 35 (9): 4444 – 4454.

[176] Santini D. J. , Vyas A. D. Introduction of hybrid and diesel vehicles: status within the life cycle of technology adoption [J]. Transportation Research Record, 2005, 1941 (1): 18 – 25.

[177] Schiffauerova A. , Thomson V. A review of research on cost of quality models and best practices [J]. International Journal of Quality & Reliability Management, 2006.

[178] Seyfang G. , Lorenzoni I. , Nye M. Personal Carbon Trading: notional concept or workable proposition? Exploring theoretical, ideological and practical underpinnings [R]: CSERGE Working Paper EDM, 2007.

[179] Shao L. , Yang J. , Zhang M. Subsidy scheme or price discount scheme? Mass adoption of electric vehicles under different market structures [J]. European Journal of Operational Research, 2017, 262 (3): 1181 – 1195.

[180] She Z-Y. , Sun Q. , Ma J-J. , et al. What are the barriers to widespread adoption of battery electric vehicles? A survey of public perception in Tianjin, China [J]. Transport Policy, 2017, 56: 29 – 40.

[181] Sierzchula W. , Bakker S. , Maat K. , et al. The influence of financial incentives and other socio-economic factors on electric vehicle adoption [J]. Energy policy, 2014, 68: 183 – 194.

[182] Silva C. At what extent the benefits of introducing alternative light-

duty vehicles offset those of increasing the buses average occupancy? [J]. Energy Conversion Management, 2013, 70: 211 - 219.

[183] Singh M., Vyas A., Steiner E. VISION Model: description of model used to estimate the impact of highway vehicle technologies and fuels on energy use and carbon emissions to 2050 [R]: Argonne National Lab., IL (US), 2004.

[184] Situ L. Electric vehicle development: the past, present & future; proceedings of the 2009 3rd International Conference on Power Electronics Systems and Applications (PESA), F, 2009 [C]. IEEE.

[185] Sperling D. Electric vehicles: Approaching the tipping point [M]. Three Revolutions. Springer. 2018: 21 - 54.

[186] Starkey R. Personal carbon trading: A critical survey: Part 1: Equity [J]. Ecological Economics, 2012, 73: 7 - 18.

[187] Statistics I. CO_2 emissions from fuel combustion-highlights [J]. 2015.

[188] Statistics I. CO_2 emissions from fuel combustion-highlights [J]. 2016.

[189] Steg L., Vlek C. Encouraging pro-environmental behaviour: An integrative review and research agenda [J]. Journal of Environmental Psychology, 2009, 29 (3): 309 - 317.

[190] Su C-W., Umar M., Khan Z. Does fiscal decentralization and eco-innovation promote renewable energy consumption? Analyzing the role of political risk [J]. Science of The Total Environment, 2021, 751: 142220.

[191] Su C-W., Yuan X., Tao R., et al. Can new energy vehicles help to achieve carbon neutrality targets? [J]. Journal of Environmental Management, 2021, 297: 113348.

[192] Sun S., Wang W. Analysis on the market evolution of new energy vehicle based on population competition model [J]. Transportation Research

Part D: Transport and Environment, 2018, 65: 36 – 50.

[193] Tang Y. , Zhang X. , Yang C. , et al. Application of propensity scores to estimate the association between government subsidy and injection use in primary health care institutions in China [J]. BMC health services research, 2013, 13 (1): 1 – 7.

[194] Tietenberg T. Emissions trading: principles and practice [M]. Routledge, 2010.

[195] Vedenov D. V. , Duffield J. A. , Wetzstein M. E. Entry of alternative fuels in a volatile US gasoline market [J]. Journal of Agricultural Resource Economics, 2006: 1 – 13.

[196] Wadud Z. , Noland R. B. , Graham D. Equity analysis of personal tradable carbon permits for the road transport sector [J]. Environmental Science & Pollution Research, 2008, 11 (6): 533 – 544.

[197] Walsh D. M. , O'sullivan K. , Lee W. T. , et al. When to invest in carbon capture and storage technology: a mathematical model [J]. Energy Economics, 2014, 42: 219 – 225.

[198] Wang N. , Tang L. , Pan H. Effectiveness of policy incentives on electric vehicle acceptance in China: A discrete choice analysis [J]. Transportation Research Part A: Policy and Practice, 2017, 105: 210 – 218.

[199] Wang S. , Fan J. , Zhao D. , et al. Predicting consumers' intention to adopt hybrid electric vehicles: using an extended version of the theory of planned behavior model [J]. Transportation, 2016, 43 (1): 123 – 143.

[200] Wang S. , Li J. , Zhao D. The impact of policy measures on consumer intention to adopt electric vehicles: Evidence from China [J]. Transportation Research Part A: Policy and Practice, 2017, 105: 14 – 26.

[201] Wang Y. , Miao Q. The impact of the corporate average fuel economy standards on technological changes in automobile fuel efficiency [J]. Energy Economics, 2021, 63: 101211.

[202] Wang Y. , Sperling D. , Tal G. , et al. China's electric car surge [J]. Energy Policy, 2017, 102: 486 – 490.

[203] Wang Y. , Zhao F. , Yuan Y. , et al. Analysis of typical automakers' strategies for meeting the dual-credit regulations regarding CAFC and NEVs [J]. Automotive Innovation, 2018, 1 (1): 15 – 23.

[204] Wang Z. , Zhang J. , Zhao H. The Selection of Green Technology Innovations under Dual-Credit Policy [J]. Sustainability, 2020, 12 (16): 6343.

[205] Weitzman M. L. Prices vs. quantities [J]. The Review of Economic Studies, 1974, 41 (4): 477 – 491.

[206] White L. V. , Sintov N. D. You are what you drive: Environmentalist and social innovator symbolism drives electric vehicle adoption intentions [J]. Transportation Research Part A: Policy and Practice, 2017, 99: 94 – 113.

[207] Wittmann J. Electrification and digitalization as disruptive trends: new perspectives for the automotive industry? [M]. Phantom Ex Machina. Springer. 2017: 137 – 159.

[208] Woerdman E. , Arcuri A. , Clò S. Emissions trading and the polluter-pays principle: do polluters pay under grandfathering? [J]. Review of Law Economics, 2008, 4 (2): 565 – 590.

[209] Wu Y. A. , Ng A. W. , Yu Z. , et al. A review of evolutionary policy incentives for sustainable development of electric vehicles in China: Strategic implications [J]. Energy Policy, 2021, 148: 111983.

[210] Xiao X. , Chen Z-R. , Nie P-Y. Analysis of two subsidies for EVs: Based on an expanded theoretical discrete-choice model [J]. Energy Policy, 2020, 208: 118375.

[211] Yamashita D. , Niimura T. , Takamori H. , et al. Plug-in electric vehicle markets and their infrastructure investment policies under fuel economy

uncertainty [J]. International Journal of Real Options, 2013, 1: 39 – 60.

[212] Yang D-X., Qiu L-S., Yan J-J., et al. The government regulation and market behavior of the new energy automotive industry [J]. Journal of Cleaner Production, 2019, 210: 1281 – 1288.

[213] Yi Y., Li J. The effect of governmental policies of carbon taxes and energy-saving subsidies on enterprise decisions in a two-echelon supply chain [J]. Journal of Cleaner Production, 2018, 181: 675 – 691.

[214] Yu Y., Zhou D., Zha D., et al. Optimal production and pricing strategies in auto supply chain when dual credit policy is substituted for subsidy policy [J]. Energy, 2021, 226: 120369.

[215] Zanni A. M., Bristow A. L., Wardman M. The potential behavioural effect of personal carbon trading: results from an experimental survey [J]. Journal of Environmental Economics and Policy, 2013, 2 (2): 222 – 243.

[216] Zhang H., Cai G. Subsidy strategy on new-energy vehicle based on incomplete information: A Case in China [J]. Physica A: Statistical Mechanics its Applications, 2020, 541: 123370.

[217] Zhang X., Bai X. Incentive policies from 2006 to 2016 and new energy vehicle adoption in 2010 – 2020 in China [J]. Renewable Sustainable Energy Reviews, 2017, 70: 24 – 43.

[218] Zhang X., Liang Y., Yu E., et al. Review of electric vehicle policies in China: Content summary and effect analysis [J]. Renewable Sustainable Energy Reviews, 2017, 70: 698 – 714.

[219] Zhang X., Wang K., Hao Y., et al. The impact of government policy on preference for NEVs: The evidence from China [J]. Energy Policy, 2013, 61: 382 – 393.

[220] Zhao F., Liu F., Liu Z., et al. The correlated impacts of fuel consumption improvements and vehicle electrification on vehicle greenhouse gas

emissions in China [J]. Journal of Cleaner Production, 2019, 207: 702 – 716.

[221] Zheng S. , Chen S. Fleet replacement decisions under demand and fuel price uncertainties [J]. Transportation Research Part D: Transport and Environment, 2018, 60: 153 – 173.

[222] Zhou D. , Yu Y. , Wang Q. , et al. Effects of a generalized dual-credit system on green technology investments and pricing decisions in a supply chain [J]. Journal of Environmental Management, 2019, 247: 269 – 280.

[223] Zhu Q. , Li X. , Li F. , et al. The potential for energy saving and carbon emission reduction in China's regional industrial sectors [J]. Science of The Total Environment, 2020, 716: 135009.

[224] Zhu Z. , Xu P. , et al. Exploring the impact of government subsidy and R&D investment on financial competitiveness of China's new energy listed companies: An empirical study [J]. Energy Reports, 2019, 5: 919 – 925.

附录 第4章相关材料及证明

根据命题 4-1 和命题 4-2 的证明，本章假设 $r-t/4<r+e-(e+t)^2/4t<r$ 来获取更多的市场细分情况，即绿色新能源汽车采纳者的最低效用高于传统新能源汽车采纳者的最低效用 $r-t/4$ 但低于最高效用 r。因此，市场需求函数可以分为与 p 有关的五个区间，即 $\left(0, r-\dfrac{t}{4}\right]$，$\left(r-\dfrac{t}{4}, r+e-\dfrac{(e+t)^2}{4t}\right]$，$\left(r+e-\dfrac{(e+t)^2}{4t}, r\right]$，$(r, r+e]$，以及 $(r+e, \infty]$。

首先推导出每个区间的利润函数的偏差，具体而言，对于 $p \in \left(0, r-\dfrac{t}{4}\right]$：

$$P_1 = (p-c+s)\left(\frac{\theta_c}{2} + \theta_g \frac{e+t}{2t}\right), \frac{\partial P_1}{\partial e} > 0 \qquad (A.1)$$

对于 $p \in \left(r-\dfrac{t}{4}, \ r+e-\dfrac{(e+t)^2}{4t}\right]$：

$$P_2 = (p-c+s)\left(\theta_c \sqrt{\frac{(r-p)}{t}} + \theta_g \frac{(e+t)}{2t}\right), \frac{\partial P_2}{\partial e} > 0 \qquad (A.2)$$

对于 $p \in \left[r+e-\dfrac{(e+t)^2}{4t}, \ r\right)$：

$$P_3 = (p-c+s)\left(\theta_c \sqrt{\frac{(r-p)}{t}} + \theta_g \sqrt{\frac{(r+e-p)}{t}}\right), \frac{\partial P_3}{\partial e} > 0 \quad (A.3)$$

对于 $p \in [r, \ r+e]$：

$$P_4 = (p-c+s)\theta_g \sqrt{\frac{(r+e-p)}{t}}, \frac{\partial P_4}{\partial e} > 0 \qquad (A.4)$$

对于 $p \in [r+e, \infty]$:

$$P_5 = 0 \qquad\qquad (A.5)$$

由于企业的利润等于 $\max[P_1, P_2, P_3, P_4, P_5]$，得出环境意识与新能源汽车企业的利润之间存在正的弱单调关系。

其次，考虑环境意识对销售价格的影响。每个利润函数在其区间内是可连续微分的。因此，当最优价格不在任何两个区间的边界时，则有：

$$p_1^* = \mathrm{argmax}\, P_1 = r - \frac{t}{4} \qquad\qquad (A.6)$$

对于其他区间，假设在每个区间内都有 p_2^*，p_3^*，p_4^*，使利润函数最大化。我们以 $p_2^* \in \left(r - \frac{t}{4}, r+e - \frac{(e+t)^2}{4t}\right]$ 为例，因为 $p-c+s>0$，$p_2^* = \mathrm{argmax}\, P_2$，$p_2^*$ 使得 $(p-c+s)\theta_c \sqrt{\dfrac{(r-p)}{t}}$ 最大化，$\dfrac{\partial (p-c+s)\theta_g \dfrac{(e+t)}{2t}}{\partial p} > 0$。因此，环境意识越高，特定区间内的最优价格就越高。在其他区间也可以找到类似的结果。此外，由于所有的利润函数都是凹的，如果在一个区间的边界处得到最优区间，那么整体最优就不可能在这个区间内。除非在相邻区间的边界处获得最优值，否则整个决策区间的整体最优值就一定不在这两个区间内。综上所述，证明环境意识与企业销售价格之间在弱定义上存在单调的正向关系。

此外，由于较高的环境意识会增加消费者剩余及市场需求，因此可以得出结论，当传统消费者完全没有被覆盖时，环境意识和市场需求之间的关系也持续为正。然而，当市场被完全覆盖时，随着生产成本的降低和环境意识的提高，将出现一个不连续的现象，导致最佳销售价格从第二或第三区间（$[r-t/4, r]$）转到第四区间（$[r, r+e]$），造成市场需求的突然下降。因此，当市场被完全覆盖时，这种关系会呈"N"型。

根据推论 4-1 的证明，本部分考虑了企业在完全替代环境下的战略行为，也就是说，决策也总是为利润最大化和消除无利可图的消费者而设定。在这种情况下，使用一般新能源汽车制造商的利润函数 $R_m(p,D)$ 可以写成：

$$\max_p R(p,D) = \max\left[(p - c + s) \times D(p)\right]$$
$$= \max\left[\sum_{l=c,g}(p - c + s) \times \theta_l \times D_l(p)\right] \quad (A.7)$$

$c < r$ 表示制造商在考虑没有环境意识的消费者时有正的利润率。制造商通过比较两种定价策略来确定最佳销售价格，即以高价覆盖高级消费者 $p = r + e$ 或低价覆盖所有层次的消费者 $p = r$。因此，一旦生产成本降到 r 之下，最终价格不可能是 r。由于两个利润函数的连续性和可分性，临界点 $\hat{c}$ 将是下面这个函数的根：

$$T = (r + s - c)\left(\frac{\theta_c}{2} + \theta_g\right) - (r + s + e - c)\theta_g \quad (A.8)$$

使式（A.8）等于 0，通过简化得到：

$$\hat{c} = r + s - \frac{2e(1 - \theta_c)}{\theta_c} \quad (A.9)$$

对式（A.9）进行推导，关于 c 可以得到：

$$\frac{\partial T}{\partial c} = -\frac{\theta_c}{2} < 0 \quad (A.10)$$

因此，只有在 $c < \hat{c}$ 的情况下，企业才会采用分类消费者的策略。否则，即使传统消费者的效用已经超过了补贴下的生产成本，制造商也会放弃没有环境意识的消费者。

根据推论 4-3 的证明，新能源汽车制造商的利润函数 $R_m(p,D)$ 一旦价格低于经济效益 r，传统消费者和绿色消费者都会进行购买。因此，适当的补贴水平或足够低的生产成本，也就是方程的正根，将促使制造商降低价格，即 $(r + s - c)\left(\frac{\theta_c}{2} + \theta_g\right) - (r + s + e - c)\theta_g = 0$ 的正根，将促使制造商降低价格。在两个部分都被完全覆盖之后，p^* 使得 $R(p,D)$ 最大化，且将不再因更多的补贴而减少。因此，消费者的最终交易成本在短期内不一定随着 s 或 c 变化。

根据推论 4-4 的证明，如果 $r+e-t \geqslant r$，市场需求将是 θ_g，否则将是 $\theta_g \sqrt{(r+e-p_e)/t}$。因此，可以很容易地得到最优的新能源汽车价格，即为 $p_e^* = (s-2r-2e-c)/3$，则有：

$$R_e(p_e,D) = (p_e+s-c)\left(\theta_g \cdot \sqrt{\frac{r+e-p_e}{t}}\right) \qquad (A.11)$$

其中 $p_e \in [r,r+e]$，得到：

$$\frac{\partial R_e}{\partial p_e} = -\theta_g \frac{3p_e+(s-2r-2e-c)}{2\sqrt{t}\sqrt{r+e-p_e}} \qquad (A.12)$$

使 $\partial R_e / \partial p_e = 0$，那么：

$$p_e^* = \frac{2r+2e+c-s}{3} \qquad (A.13)$$

将 p_e^* 代入 $R_e(p_e,D)$，并根据 e 推导出如下等式：

$$\frac{\partial R_e^*}{\partial e} = \frac{\theta_g((s+3r+3e-c)t-2r-2e)}{\sqrt{3t}\sqrt{(3r+3e)t+s-2r-2e-c}} \qquad (A.14)$$

推论 4-5 的证明如下：

（1）当市场被完全覆盖时，新能源汽车公司采用低价策略。

新能源汽车公司：新能源汽车的市场需求 D_e 是：

$$D_e = \theta_c \cdot \frac{p_g-p_e+t}{2t} + \theta_g \cdot \frac{p_g-p_e+e+t}{2t}. \qquad (A.15)$$

新能源汽车公司的利润可以写为：

$$R_e(p_e,D) = (p_e+s-c)\left(\theta_c \cdot \frac{p_g-p_e+t}{2t} + \theta_g \cdot \frac{p_g-p_e+e+t}{2t}\right) \qquad (A.16)$$

因此，新能源汽车公司的利润最大化价格满足式（A.17），且可以得出式（A.18）：

$$\frac{\partial R_e}{\partial p_e} = -\frac{2p_e-t+s-p_g-\theta_g e-c}{2t} \qquad (A.17)$$

$$p_e^{\,*} = \frac{p_g + t + \theta_g e + c - s}{2} \qquad (A.18)$$

汽油动力汽车公司的定价策略也可以得到类似的结果为：

$$D_g = \theta_c \cdot \frac{p_e - p_g + t}{2t} + \theta_g \cdot \frac{p_e - p_g - e + t}{2t} \qquad (A.19)$$

$$R_g(p_g, D) = (p_g - c)\left(\theta_c \cdot \frac{p_e - p_g + t}{2t} + \theta_g \cdot \frac{p_e - p_g - e + t}{2t}\right) \quad (A.20)$$

$$\frac{\partial R_g}{\partial p_g} = -\frac{2p_g - t - p_e + \theta_g e - c}{2t} \qquad (A.21)$$

$$p_g^{\,*} = \frac{p_e + t - \theta_g e + c}{2} \qquad (A.22)$$

将 $p_g^{\,*}$ 的公式代入 $p_e^{\,*}$，则满足：

$$p_e^{\,*} = \frac{p_g + t + \theta_g e + c - s}{2} = \frac{\dfrac{p_e + t - \theta_g e + c}{2} + t + \theta_g e + c - s}{2} \qquad (A.23)$$

另外还有：

$$p_e^{\,*} = t + c + \frac{\theta_g e - 2s}{3} \qquad (A.24)$$

$$p_g^{\,*} = t + c - \frac{\theta_g e + 2s}{3} \qquad (A.25)$$

同时，可以得到新能源汽车的市场需求为：

$$D_e = \theta_c \cdot \frac{3t - 2\theta_g e}{6t} + \theta_g \cdot \frac{3e + 3t - 2\theta_g e}{6t} \qquad (A.26)$$

$$\frac{\partial D_e}{\partial e} = \frac{\theta_g}{6t} > 0, \frac{\partial R_e}{\partial e} > 0. \qquad (A.27)$$

因此，可以看出，新能源汽车市场需求随着环境意识的提高而单调上升。

（2）当市场被完全覆盖时，新能源汽车公司采用高价策略。

根据（1），有：

$$p_g^{\,*} = \frac{p_e + t - \theta_g e + c}{2} \qquad (A.28)$$

对于新能源汽车公司来说，利润可写为：

$$R_e(p_e, D) = (p_e + s - c)\left(\theta_g \cdot \frac{p_g - p_e + e + t}{2t}\right) \qquad (A.29)$$

推导出它与 p_e 的关系，有：

$$\frac{\partial R_e}{\partial p_e} = \theta_g \cdot \frac{p_g - 2p_e + e + t - s + c}{2t} \qquad (A.30)$$

$$p_e^* = \frac{p_g + e + t - s + c}{2} \qquad (A.31)$$

将 p_g^* 代入上述公式，有：

$$p_e^* = \frac{\dfrac{p_e + t - \theta_g e + c}{2} + e + t - s + c}{2} \qquad (A.32)$$

因此，新能源汽车价格随着环境意识和替代性的增加而单调上升，得到：

$$p_e^* = t + c + \frac{(2 - \theta_g)e - 2s}{3} \qquad (A.33)$$

$$p_g^* = t + c + \frac{(2 - 4\theta_g)e - 2s}{6} \qquad (A.34)$$

此外，应用两种定价策略的新能源汽车公司的利润函数可以写成如下：

$$R_e(p_e, D) = (p_e + s - c) \cdot \left(\theta_g \cdot \frac{p_g - p_e + e + t}{2t}\right)$$

$$= \left(t + c + \frac{(2 - \theta_g)e - 2s}{3} + s - c\right) \cdot \left(\theta_g \cdot \frac{t + c + \dfrac{(2 - 4\theta_g)e - 2s}{6} - \left(t + c + \dfrac{(2 - \theta_g)e - 2s}{3}\right) + e + t}{2t}\right)$$

$$= \left(t + \frac{(2 - \theta_g)e + s}{3}\right) \cdot \left(\theta_g \cdot \frac{\dfrac{(-1 - \theta_g)e + s}{3} + e + t}{2t}\right)$$

$$= \frac{e^2\theta_g^3 + (-6et - 2es - 4e^2)\theta_g^2 + (9t^2 + (6s + 12e)t + s^2 + 4es + 4e^2)\theta_g}{18t} \qquad (A.35)$$

$$R_e(p_e, D) = (p_e + s - c) \cdot \left(\theta_c \cdot \frac{p_g - p_e + t}{2t} + \theta_g \cdot \frac{p_g - p_e + e + t}{2t}\right)$$

$$= \left(t + c + \frac{\theta_g e - 2s}{3} + s - c\right) \cdot \left(\theta_c \cdot \frac{t + c - \dfrac{\theta_g e + 2s}{3} - \left(t + c + \dfrac{\theta_g e - 2s}{3}\right) + t}{2t}\right)$$

$$+\theta_g \cdot \cfrac{t+c-\cfrac{\theta_g e+2s}{3}-\left(t+c+\cfrac{\theta_g e-2s}{3}\right)+e+t}{2t}\Bigg)$$

$$=\frac{e^2\theta_g^2+(6et+es)\theta_g+9t^2+3st}{18t} \qquad\qquad (A.36)$$

企业将根据式（A.35）和式（A.36）之间的关系，在这两种策略之间进行动态选择，以确保其利润总是最大化的。